新时代人才工作创新研究

张　新　裴淑娥　著

北京工业大学出版社

图书在版编目（CIP）数据

新时代人才工作创新研究 / 张新，裴淑娥著．— 北京 ：北京工业大学出版社，2020.6（2022.1 重印）
ISBN 978-7-5639-7497-9

Ⅰ．①新… Ⅱ．①张… ②裴… Ⅲ．①人才培养一研究 Ⅳ．① C961

中国版本图书馆 CIP 数据核字（2020）第 168527 号

新时代人才工作创新研究
XINSHIDAI RENCAI GONGZUO CHUANGXIN YANJIU

著　　者：张　新　裴淑娥
责任编辑：邓梅菡
封面设计：点墨轩阁
出版发行：北京工业大学出版社
（北京市朝阳区平乐园 100 号　邮编：100124）
010-67391722（传真）　bgdcbs@sina.com
经销单位：全国各地新华书店
承印单位：三河市明华印务有限公司
开　　本：710 毫米 ×1000 毫米　1/16
印　　张：11.5
字　　数：230 千字
版　　次：2020 年 6 月第 1 版
印　　次：2022 年 1 月第 2 次印刷
标准书号：ISBN 978-7-5639-7497-9
定　　价：58.00 元

前　言

中国特色社会主义建设进入新时代，人才越来越成为推动社会发展的坚实力量。人才是支撑发展的第一资源，增强综合国力，关键在党，关键在人，关键在人才，人才竞争已经成为综合国力竞争的核心。中国要在未来激烈的国际竞争中赢得优势、立于不败之地，就必须始终把人才作为战略性资源大力开发，加快建设人才强国，为经济社会发展提供源源不断的动力支撑。

实施创新驱动发展战略是我们党面向未来、敏锐把握世界科技创新和产业变革趋势做出的重大战略决策。创新驱动实质上是人才驱动。要大兴识才、爱才、敬才、用才之风，为科技人才发展提供良好环境，在创新实践中发现人才、在创新活动中培育人才、在创新事业中凝聚人才，聚天下英才而用之，为人才发挥作用、施展才华提供更加广阔的天地。

本书系 2018 年度重庆市教育委员会人文社会科学研究项目“习近平关于人才工作重要论述研究”的阶段性成果，是 2016 年度教育部人文社科团队项目“高职院校思想政治理论课教学方法研究”后期研究的成果之一。全书从新时代人才工作的基本概况出发，探讨了坚定实施人才强国战略、推进新时代海外人才工作战略、实施创新驱动发展战略、全方位推进人才开放战略、建设高素质青年人才队伍、党的军队人才建设共六个方面，对新时代人才工作创新进行了梳理和深度剖析。

本书对进一步加强和改进党对人才工作的领导，健全党管人才领导体制和工作格局，创新党管人才方式方法，对高校探索并推行创新型教育方式方法，突出培养学生的科学精神、创造性思维和创新能力，加强领军人才、核心技术研发人才培养和创新团队建设等方面具有重要的理论意义和实践价值。

目　录

第一章　绪　论

第一节　人才工作创新研究概述

一、研究背景

在人类社会发展进程中，人才是社会文明进步、人民富裕幸福、国家繁荣昌盛的重要推动力量。"十三五"时期，新一轮科技革命和产业变革蓄势待发，人才在经济社会发展中的根本性作用进一步凸显。面对国内外日益激烈的人才竞争，推动创新、协调、绿色、开放、共享发展，确保实现"两个一百年"的奋斗目标，必须深入实施人才优先发展战略，全面深化人才发展体制机制改革。2016年3月，中共中央印发了《关于深化人才发展体制机制改革的意见》。《意见》提出通过深化人才发展体制机制改革，最大限度地激发人才创新创造创业活力，实现各方面优秀人才集聚到党和国家的事业中来，成为当前和今后一个时期我国人才工作的重要指导性文件。研究人才工作，首先要从"人才"这个基本概念入手。《现代汉语词典》将人才解释为"德才兼备的人，有某种特长的人"。《辞海》对人才的解释是"有才识学问的人，德才兼备的人"。人才已成为人们对有德行、有才干的人的统称。

2010年4月1日颁布的我国第一个《国家中长期人才发展规划纲要（2010—2020年）》指出，人才是指具有一定的专业知识或专门技能，进行创造性劳动并对社会做出了贡献的人，是人力资源中能力和素质比较高的劳动者。人才是我国经济社会发展的第一资源。对人才概念的这个界定，体现了人才范围的广泛性及群众性、人才劳动性质的创造性以及人才劳动方向的进步性。

纵观历史发展进程，人才问题不再是我们所看到的简单的表象，它更深层次地关乎整个社会发展的大局。就目前中国发展状况来说，我国已步入全面建成小康社会的重要阶段，改革深化也进入了更复杂的阶段，如何进一步解放发展，保持社会主义经济平稳中速向上发展的趋势，关键还是在于人才的创新。就目前人才发展现状来说，尽管在中国共产党的科学的人才战略实施下，人才的质量和数量有了进一步的提升，但是相较于现实社会发展的需求而言，我国的人才队伍的规模和质量依然有进一步的发展空间。另外，面临当前更复杂的新局面、新形势，人才工作又迎来了新的挑战。总而言之，无论是要满足当前社会主义事业发展和人才队伍建设的需求，还是解决社会经济发展和人才发展面临的困境，归根到底，在于人才之道。这也就意味着如何在人民群众中发现、培养、选拔出对社会主义建设发展有益的人才，如何在科学发展观的指引下，不断推进人才强国战略的实施，为全面建成小康社会造就和输送大批高素质、重实干的改革人才，是我国目前需要解决的紧迫任务。因此，更加需要对马克思主义人才观指导下形成的人才重要论述提供科学支持。当前关于人才工作的重要论述正是马克思主义人才观与人才工作实践结合的最新理论成果。其深刻回答了当下的人才工作应当怎样谋划，揭示了新历史条件下人才工作开展的内在规定性。为此，本书在已有的研究成果和相关的文献资料的基础上，对新时代人才工作展开了全面、系统的研究。

二、研究意义

改革之要，人才为先。贯彻落实党中央的重要指示精神，关键是要加快实施人才强国战略，牢固确立人才引领发展的战略地位，深化人才体制机制改革，找准人才政策创新的着力点，推动人才政策创新突破和细化落实，让更多千里马在神州大地竞相驰骋。新时代人才工作创新研究具有一定的理论意义和实践意义。

人才工作事关党和国家工作的全局，是发展和壮大中国特色社会主义事业的强大助推器。人才是强国之本。一个国家拥有什么样的人才资源，决定着该国未来发展走向和趋势，这是世界各国在治国理政的实践中所达成的共识。加强新时代人才工作创新的研究，对推进人才优先发展，树立正确人才导向，建设人才强国具有重大的实践意义；对于全社会统筹推进人才队伍建设，健全人才开发机制、优化人才发展环境具有重大的指导意义；对我们在新形势下开展人才工作，适应经济新常态，协调推进“四个全面”战略布局，实现中华民族伟大复兴的中国梦具有重大意义。

综上所述，人才工作有待开展深入而全面的研究，提升其系统性；从人才工作实践的理论指导需求看，这是我们在新时期做好人才工作的根本所在。

三、人才工作创新的时代要求

（一）世界发展对人才的要求

人才对于一个国家尤为重要，人才是衡量一个国家是否具有竞争力的重要标准。现如今，世界全球化进程的加速在一定程度上使得国际人才竞争也有所加剧。因为全球化进程的加速，促使知识经济加快发展，最终促使全球政治、经济活动越发紧密和规范起来。在愈演愈烈的国际竞争中，谁一旦具备更多数量和更高素质的人才资本，谁就为自己国家拔得了发展的头筹，综合国力也会有明显的增长。当下，各国都全力以赴、想方设法地争取人才，竞争手段层出不穷。例如，跨国公司推行人才本土化，还有一些国家实行人才孵化等战略。但是，与一些发达国家相比，我国在人才方面缺少全面竞争力。

人才资源是一种具有复杂多变性质的活资源。现如今，伴随日趋严峻的国际化人才竞争形势，科技革命正面临前所未有的挑战，人才出现了所谓的供求矛盾，并且愈演愈烈。各国政府都逐渐体会到人才资源对于国家发展的必要性。各国为了能获得他国的优秀人才，缓和人才供不应求这一矛盾，不断增强自身竞争力使得人才竞争进入白热化。我国正面临着前所未有的两大难题，一是高端人才的不断外流，二是国际人才的引入困难。因此，我国应通过实行人才强国战略来创造更好的人才环境，创新人才工作的体制和机制，应对国际人才竞争这一重要难题。

（二）实现“中国梦”的迫切需求

要实现党在十八大会议上确定的“两个一百年”的宏伟目标，重中之重在于党，在于人才。国家的强盛，归根结底必须依靠人才。我国要走创新发展之路，必须高度重视创新人才，择天下之英才而用之。我国应敞开大门，招四方之才。

中华民族的伟大复兴是所有中国人心中唯一的中国梦。要想实现中华民族的伟大复兴，重中之重在于人才，人才起着至关重要的作用。人才是衡量一个国家综合国力的重要指标。没有一支高素质的人才队伍，全面建成小康社会的奋斗目标和中华民族伟大复兴的中国梦就难以顺利实现。因此，我国只有在人才工作上做到位，全力去开发我们国家的丰富的人才资源，才能最终实现中华民族的伟大复兴。

人才对于实现中华民族伟大复兴起着至关重要的作用。因此，要加强科技人才队伍建设，为人才发挥作用、施展才华提供更加广阔的天地，鼓励人才把自己的智慧和力量奉献给国家。大学生要勤奋学习，开拓进取，使自己成为国家的栋梁之材。

四、人才工作创新的实践基础

（一）国外人才战略实施的经验教训

人才问题是关系国家命运的战略问题，我们不仅要善于从纵向上总结自己的经验教训，还要善于从横向上学习和借鉴世界各国在人才战略研究和运用方面的经验教训。

第二次世界大战之后，世界发达国家的经济获得了长足的发展。究其原因，除了资金、资源的优势外，还有一个共同的特点就是在开发物质资源和自然资源的同时，尤其重视人力资源的开发和运用。由人才争夺战引发的人才战略，是时代和社会发展的必然结果。从发达国家的情况来看，经济的持续发展与他们十分重视全面提高国民素质，重视人力资源的开发和有效利用，重视人才的培养和教育密切相关。

仅有 200 多年历史的美国，今天已经发展成为军事实力、经济实力、科技实力等相当强大的国家。他们拥有近百万研究开发人员，居世界首位。他们的研究和开发总投资约占国民生产总值的 30%，是当今世界的最高水平。这一切都得益于美国政府对教育和培训的重视，积极鼓励科技人才脱颖而出。美国自 20 世纪 50 年代末开始就视教育为国家发展的基础和人才培养的关键。特别是在苏联人造卫星上天的刺激下，美国把发展教育作为国家的战略重点，相继通过和出台了《国防教育法》《美国 2000 年教育战略》《为 21 世纪而教育美国人》等法案和报告，极力呼吁为未来世纪准备高素质的人才资源。与此同时，他们还非常重视扶持大学的发展，不断加大对大学的投资。

德国的教育也有比较显著的特点，主要是“双元制”教育体系。第二次世界大战期间，德国建筑的一半以上被炸为废墟，工业几乎被摧毁。尽管如此，战后德国的经济仍然得到了飞速的发展，取得了令人瞩目的成就。德国社会和经济迅速发展的原因是多方面的，其中实施人才培养战略是其获得成功的一个重要因素。重视职业教育，注重实际能力的培养，是德国的一贯传统。在德国，在行业协会等主管部门的监督下，企业与学校共同承担高等职业教育，分别负有明确的责任，为各个行业培养输送专业人才。德国的这种“双元制”职业教育适应了经济社会发展的需要，培养了大量的专业人才，为德国的经济起飞奠定了坚实的基础。

从世界上人才的分布来看，大量人才资源主要集中在北美、欧洲等比较发达的地区。在对待人才的问题上，这些地区的国家都有一个共同的特点，就是在实践中普遍重视人力资源的开发和运用，充分认识到人力资源具有巨大的开发潜力。各国又都根据自己的国情、历史传统、文化背景和企业制度，形成各具特色的人才培养战略。我们比较和研究不同国家在人才开发和培养方面的经验，可以从中得到有益的启发和借鉴。

（二）改革开放以来人才战略的主要成就与不足

中国共产党历来高度重视人才工作和人才队伍建设。新中国成立以来，尤其是改革开放以来，国家培养造就了各个领域的大批优秀人才，为推动社会主义现代化建设发挥了重要作用。但是，囿于时代局限性和各方面原因，我国人才工作存在诸多不足，不能满足当前经济社会发展和人才自身发展的需求。

1. 改革开放以来人才战略的主要成就

新中国成立初期，我国人才队伍素质偏低，人才数量严重不足。改革开放以后，随着人才战略的实施，人才总量迅速增长，人才素质不断提高，我国人才队伍结构有了较大的改善。截至 2010 年年底，我国人才总量达到 1.2 亿，居世界第一位，比 1949 年增长了 150 多倍，年均增长近 2.5 倍。人才资源总量占人力资源总量的比重达到 11.1%，具备了建设人才资源强国的基础。我国主要劳动年龄人口受过高等教育的比例为 12.5%，高技能人才占技能劳动者比例为 25.6%。随着人才战略的实施，我国人才工作进入了一个新的发展阶段。人才意识普遍增强，爱才、护才、重才、容才、留才风气逐渐浓厚起来。人才地位不断提高，全社会进一步形成了尊重劳动、尊重知识、尊重人才、尊重创造的良好风气。

2. 改革开放以来人才战略的主要不足

一是人才队伍的总体素质还不够高。我国人口基数大，是人口大国，但并非是人力资源强国，国民受教育程度不高是导致我国人才素质不高的重要原因。我国人才队伍的总体特点是初中级人才较多，高级人才不足。虽然新形势下这一结构有改善的趋势，但高层次的特别是拔尖的创新型人才匮乏，人才创新创业能力不强，这必将在相当长的时期内成为人才素质偏低的重要影响因素。高层次人才在经济、政治、文化和社会发展的关键领域及重要岗位中发挥着中流砥柱的作用，是人才群体的核心和精华，他们的素质和规模在很大程度上决定着人才的整体素质。因此，加紧培养和造就一大批高层次人才，是带动整个人才队伍建设，迅速提高人才的整体素质的重要任务，而提高人口素质及提升我国人才队伍总体数量和质量的主要方式则是发展基础教育。

二是创新型人才开发亟待加强。创新型人才是一个国家进行自主创新的第一资源。面对科学技术日新月异的发展，面对以创新和技术升级为主要特征的国际激烈竞争，自主创新能力不足的现实国情已经成为制约我国进一步发展的瓶颈。我国自主创新能力能否提高，一方面取决于我国创新型人才的数量，另一方面取决于我国创新型人才创造力的发挥程度。当前，我国创新型人才总量短缺，自主创新的能力还相对薄弱。我国虽汇聚了一定数量的人才，但学科领军人才和学术人才仍相对匮乏。在世界经济论坛发布的《2013 年全球竞争力报告》中，我国劳动力效率排在第 34 名，高等教育的质量仅排在第 70 名。麦肯锡《新兴市场人才报告》的数据表明，我国工程和金融方面的毕业生只有 10% 左右具备全球化企业所要求的能力，本土的工商管理硕士毕业生能够胜任管理工作的不到 20%。以互联网技术服务行业为例，由于缺乏创新型人才支撑，我国互联网技术跨国服务总收入中有 65% 来源于附加值较低的日本市场，高附加值的跨国服务收入只占总收入的 10%，而印度的这一比例为 75%。

（三）当今时代科技创新发展与实现中国梦的现实需要

当今世界进入了一个以知识和信息为主的知识经济时代，知识创新、技术创新和人才创新在经济社会发展中的地位和作用日益凸显。当今时代的竞争就是知识的竞争、科技的竞争，其核心是人才的竞争。一个国家、一个民族在激烈的国际竞争中能否掌握主动权，关键在科技，在人才。人才作为高新技术的创造者、发明者、传播者和使用者，已成为当今科技进步与经济社会发展最活跃的因素和最重要的资源。今天，世界各国的经济社会发展完全证明了这一观点的正确性，科技在推动生产力发展中的作用越来越大。经过长期努力，我国科技事业取得了伟大成就，培养了一支勇于攀登世界科技高峰的优秀科技人才队伍。但是，我国科技创新的总体水平同世界先进水平相比仍有较大差距，同我国经济社会发展的要求也有许多不适应的地方，特别是自主创新能力不强，发明专利数量少，关键技术对外依存度高，高新技术产业所占比例较低，企业还没有真正成为技术创新的主体，许多技术研究开发的成果还难以实现产业化，优秀拔尖人才比较少，科技体制机制存在不少弊端等。在经济全球化时代，我国要想立于不败之地，保持经济又好又快发展，就必须大力发展科技创新事业，培养造就更多更优秀的国际化的科技创新人才。

目前，我国全面建设小康社会正处在新的历史起点上，改革发展正处在关键阶段，是开创中国特色社会主义事业新局面的重要战略机遇期，机遇与挑战并存。能否抓住机遇、迎接挑战，实现国家崛起与中华民族伟大复兴的中国梦，关键在人才。中国梦的本质内涵是实现国家富强、民族振兴、人民幸福。三者紧密相连、互为依托：国家富强是基础，民族振兴是标志，人民幸福是归依；国家富强是民族振兴、人民幸福的基础和保障，民族振兴、人民幸福是国家富强的必然结果，而民族振兴、人民幸福会反过来更加促进国家富强。只有三者同时都实现，中国梦才是圆满、完美的梦。国家富强、民族振兴、人民幸福，三者三位一体、彼此关联，共同阐释了中国梦重要论述的本质内涵。只有抓好人才工作，大力开发我国丰富的人才资源，才能真正实现中国梦。

第二节　人才工作发展面临的现状

一、人才工作面临的国内背景

（一）发展模式的转型，急需高质量的人才队伍

改革开放以来，我国经济社会发展取得了举世瞩目的成就，这是因为我国依靠人口红利的优势充分地把全国的人才调动了起来。每年高校毕业的700多万大学生可以自由地选择城市工作，农民工可以自由地选择去全国任何地方打工，全国人才和劳动力的自由流动，不仅带来了中国制造和中国创造的辉煌，而且促进了经济总量的增长，关键领域的经济指标名列世界前列。但是照目前的情况来看，我国的人口红利开始逐渐消失，人口老龄化问题突出，甚至很多沿海工厂由于劳动力短缺已经开始停产。因此，仅仅依靠廉价劳动力推动经济发展的模式必定会困难重重，我们必须考虑把释放我国的人才红利和利用全球的人才红利相结合，来促进我国经济发展模式的转变。只有形成人才红利，才能使我国未来的经济发展和创新转型得到更好发挥。在全球化发展进程中，我国一直以来都是世界最大的加工工厂和出口大国，制造业产值不断攀升，2010年更成为世界第一制造大国，在全球各大商场中，随处可见“中国制造”的身影，却难寻“中国品牌”的芳踪，可以挤进世界五百强的企业也屈指可数。而

引领世界发展趋势的美国，依靠自主开发、自主创新，掌握了许多高端的技术。通过研究不难发现，美国高端技术的发展绝大多数依赖于移民到美国的外国科学家。换而言之，是人才的力量带动科技的发展。因此，我国要想实现从“中国制造”向“中国创造”的转型，就必须高度重视人力资源开发，促进人才资源的充分利用，大力推行人才强国战略。

（二）人才引进政策的优化

2015 年 6 月，根据《外国人在中国永久居留审批管理办法》有关规定，公安部决定扩大申请在华永久居留外国人工作单位范围，在国家认定的企业技术中心、国家工程技术研究中心、外商投资研发中心等 7 类企业、事业单位任职且符合相关条件的外国人，可申请在中国永久居留。2015 年 7 月上海市委市政府出台《关于深化人才工作体制机制改革促进人才创新创业的实施意见》，体现了“政府和市场”两条腿并行下的更为灵活的体制机制以及在引进海外人才政策方面的重大突破。之后，公安部出台了支持北京创新发展的 20 项出入境政策措施，这一系列促进海外人才引进的政策在半年多的时间内相继出台，充分显示了各级政府对吸引国际人才的重视。总的来说，此次新政策的出台，有助于进一步消除国际人才流动壁垒，真正从全球广纳人才，帮助我国在激烈的国际人才竞争中占据主动。

二、人才工作面临的国外背景

在经济全球化的进程中，人才资源作为推动经济社会发展的第一资源的特征和作用越来越明显，世界各国也都意识到人才的重要性，争相把人才摆在突出的战略位置，努力营造各得其所、大展其长的良好社会环境，创造吸引人才、留住人才的市场环境，不断加快全球人才流动的速度。2014 年 5 月，《世界移民报告》显示，2013 年世界移民人数达到 2.32 亿，出现人才回流和环流趋势，由发达国家向发展中国家的流动趋势日益明显。

世界各国对于外来人才政策的开放程度不断提高，以知识和信息产业为主导的新兴国家和以技术为支撑的发达国家，因为主要依靠高技术人才来拉动经济，往往更需要人才，更重视人才。2011 年 11 月 29 日，美国众议院一项吸引中国和印度等高学历人才移民的法案，以 389 票对 15 票取得了压倒性的胜利，并且该法案将在 2015 年上调亲属移民的全国配额，由原来的 7% 增至 15%。2013 年 12 月，日本为了吸引更多的海外人才，开始计划建设“国家战略特区”，为了留住人才，计划实行留学生毕业包分配政策。2014 年 2 月 6 日，加拿大放宽对中国公民往返签证的条件，每次可停留长达6个月。2015年年初，又与中国互发10年有效签证。2014年6月，日本通过了《出入境管理及难民认定法》修正案，将外国高级人才获得永久居留权所需要的居留时间，从5年降低到3年。2014年10月7日，印度政府宣布，“印度裔卡”证件的有效期从以前的15年变更为终身有效，并且印度内政部决定，放宽对印度裔的限制，印度裔从当日开始，即使停留在印度的时间超过180天，也无须向当地的警察局报告。

人才签证移民制度的不断修改已经成为各国人才竞争的主要方式，入籍制度是引进人才并使其归化的根本保障，美国最先采取行动优化入籍制度，提出高技能人才和经济移民将被优先考虑入籍，这是典型的通过移民制度竞争人才的政策，随之很多国家也纷纷效法。2014年11月20日，美国直接颁布行政令和移民改革计划，通过为科学、技术、工程和数学专业的外国留学生在毕业时附赠“绿卡”来简化合法移民的步骤。2014年6月12日，日本参议院通过新的修正案，规定在日本只要住满3年的高级技术外国人，就可以递交日本永久居留申请。随着人才的跨国流动，全球学生流动程度也在不断加剧，发达国家把招收外国留学生看成是集聚人才的有效手段。美国把三分之一科技类的博士学位都留给外国留学生，希望通过丰厚的奖学金吸引优秀的人才，挽留其成为“新美国人”。2013年，日本政府公布，为了提高日本的高等教育国际化，计划提高英语教学比例，增加外籍教师数量。德国的“德国奖学金”制度、韩国的“智慧21工程”、新加坡的“全球校园中心计划”等的出台，都是为了吸引人才，培养更多的国际人才，扩大本国的人才资源，优化本国的人才结构。

三、人才工作创新发展面临的挑战

改革开放以来我国的人才队伍建设成效明显，从世界范围来看，我国的人才队伍规模位居前列，但我们在引以为豪的同时也应该认识到，我国在人才队伍的建设上还面临严峻的挑战。

（一）我国人才资源丰富，但人才流失比较严重

我国的人口总量位居世界第一，所占世界人口的比例达到五分之一，人力资源丰富同时也是人才资源最多的国家之一。但是由于我国人才市场体制还不够健全，人才市场机制还不够完善，人才市场区域之间差距明显，人才市场产业化发展薄弱。我国人才市场在体制、机制等方面存在的问题，造成我国人才在整体上的流失比较严重。1990年，中国大陆在海外的移民（不含移民后代）人数约为408.6万人，2000年达到549.4万人，在10年之间约增长了34.5%。

根据联合国最新数据，截止到2013年，中国大陆海外移民存量已从1990年的408.6万人增长为934.3万人，23年的时间增长了128.6%。从数据可以看出，从、1990年中国位居移民输出国第七位，2013年已上升为第四大移民输出国。与1990年最开始相比，中国海外移民变得更倾向于向较发达地区流动。1990年，中国在较发达地区的移民比例为53.39%，欠发达地区为46.61%；到2013年，较发达地区的移民比例上升到58.56%，欠发达地区为41.44%。从世界范围来看，我国科技人才资源虽然丰富，但人才流失比较严重，其中不乏我国短缺的顶尖技术人才。我国综合国力的不断增强，会吸引大批的人才前来发展。面对国外的优秀人才我们要顺势而为，通过完善人才制度体系，把人才留在中国。

（二）人才不能完全适应经济社会发展的要求

我国人才流动的渠道不够畅通，人才结构和布局不尽合理，使用计划思维管理人才的惯性仍然很大，容易造成人才素质、结构、规模无法完全适应经济社会发展的要求，突出表现在以下几点：人才在公共服务定位、内容、标准、程序等方面不够清晰，造成人才发展与经济社会发展脱轨；人才服务产业发展滞后，服务质量和服务水平不足以适应市场发展的需求；人才资源得不到重视，用于开发的投入不足，人才创新意识不够，创业能力不强，无法适应人才强国战略的发展要求；事业单位改革成效不明显，人才评价、职称、院士及博士后制度改革与经济社会发展需要滞后；企业没有主动参与技术创新，在人才开发方面主体作用不突出，而政府在人才工作方面主导力量过强，没有充分体现市场的主体作用。有调研指出，人才工作实践中还广泛存在“政府部门热、市场机构冷”“政策创新多、机制创新少”“领导推动多、法治保障少”等问题。[①]

第三节　新时代人才工作理论的思想基础

一、马克思主义人才观是新时代人才工作的理论依据

马克思主义人才观以从事实际活动的现实的人作为逻辑起点，以人的自由全面发展和解放作为逻辑终点。

（一）人的本质理论是马克思主义人才观的基石

马克思主义以从事实际活动的人作为探讨人的本质的出发点，认为人的本质不是单个人所固有的抽象物，在其现实性上，它是一切社会关系的总和。概

① 孙锐．中国人才战略规划区域实施效果评估测度研究[J]．科学学研究，2014，32（9）：1329-1338.

括而言，人的本质不仅表现出自然性，同时具有一定的社会性和实践性。实践性是指人天生具有“自由的有意识的活动”能力，是能够自主地为了生存和发展参与劳动实践的人；社会性是指人实质上是一切社会关系的总和，是人为了能够生存和发展参与劳动实践活动的集中表现。马克思主义进一步指出，人的本质是社会性、历史性和阶级性的统一，但人的本质属性关键在于人的现实性和实践性。这样一来，马克思主义关于人的本质理论，从学理的角度上，使新时代人才工作中有关人才的识别、培养和选用等方面有了科学的理论依据：一是唯有从事于现实生产实践并取得进步或是劳动成果的人，才可称得上是杰出的人才；二是唯有从具体的历史的现实的人出发，结合特定的历史阶段的现实状况，才能够培养和选拔出社会所需要的人才，才能正确地认识和评估人才，做到人尽其才。

（二）人的自由全面发展和解放理论是马克思主义人才观的核心

在马克思主义看来，促进人的自由全面发展和解放，必须做到以下三点。其一，促进人的劳动能力的解放。促进人的劳动能力的解放，就必须实现劳动者对自己的体力和智力的自由运用，而只有让劳动者彻底摆脱旧式分工和私有制的控制，劳动者才能自由运用体力和脑力，人的劳动能力才能得到真正解放。其二，促进人的社会关系的解放。人要得到真正解放，单独的个人，就必须主动同世界上的所有物质生产和精神生产形成普遍性交往关系和必然联系，才能摆脱源自民族和地域这两方面的制约，“才能获得利用全球的这种全面的生产能力”。因此，解放人的社会关系的最直接途径，就是全面占有、控制和支配在普遍交往中形成的全面的社会关系，构建属于人的一种新的社会关系。其三，促进人的个性的解放。促进人的个性解放，就必须促进“偶然的个人”向“有个性的个人”转化，消灭人所面对的生存条件，“消灭这个同时也是整个迄今为止的社会的生存条件，即消灭劳动”。马克思、恩格斯进一步指出，要促进人的自由全面的发展和解放，离不开物质基础、政治基础和教育基础这三大资源的支撑。这样一来，马克思主义关于人的自由全面发展和解放理论，为新时代人才工作的现实指导意义提供了理论依据：一是为人才工作和教育工作确定了最终价值目标，即促进人的自由全面发展和解放；二是为人才队伍的发展提供了具体的实践路径，即从劳动能力的解放、社会关系的解放、个性的解放这三个方面着手，不断促进人的全面发展和解放；三是为人才资源的开发工作提供了具体的解决方法，即提供坚实的经济力量、民主的政治支持，从而使人才获取更多的教育机会和参与社会实践活动的机会。

（三）人是生产要素理论、劳动价值理论和实践观是马克思主义人才观的重要内容

第一，人是生产要素理论是马克思主义人才观中关于人才地位和作用论述的逻辑前提。在有关人是生产要素的论述中，马克思在《德意志意识形态》中提到，“全部人类历史的第一个前提无疑是有生命的个人的存在”。在《哲学的贫困》中其又指出，“在一切生产工具中，最强大的一种生产力是革命阶级本身”。因此，马克思主义认为，劳动者在生产力三要素中处于主体地位和支配地位。恩格斯在《共产主义原理》中又强调：“由整个社会共同地和有计划地来经营的工业，更加需要才能得到全面发展、能够通晓整个生产系统的人。”可见，才能得到全面发展的劳动者对经济发展的重要性。人是生产要素理论，是马克思主义人才观关于人才地位和作用的理论基础，同时也是新时代人才工作关于人才地位和作用的重要理论依据。

第二，在劳动价值理论中，马克思主义揭示了资本主义生产方式的客观规律，同时指出了人或劳动在资本主义生产运作中的功能，提出了劳动是创造一切财富的源泉，同时劳动创造了人本身。此外，马克思主义认为商品是价值和使用价值的统一体，商品的价值决定商品的价格，而商品价值量由生产该商品的社会必要劳动时间决定，与劳动生产率成反比。在社会劳动生产率不断提高和既定的条件下，资本家为了获取更多的利润，会通过对工人进行培训、教育等途径不断提高工人的技术熟练程度，从而不断提高其个别劳动生产率。另外，马克思主义指出体现在商品中的劳动具有二重性，包括抽象劳动和具体劳动，前者生产出商品的价值，后者创造出商品的使用价值。马克思主义的劳动价值理论中关于劳动创造人本身和价值等论述为新时代人才工作中人才的培养、选拔任用以及评价等提供了科学依据。

第三，实践观是马克思主义认识论的首要观点，同时也是马克思主义人才观中的重要内容之一。马克思指出，全部社会生活在本质上是实践的。凡是把理论引向神秘主义的神秘东西，都能在人的实践中以及对这个实践的理解中得到合理的解决。在他看来，认识源于实践，实践是认识发展的动力。因此，唯有具体的劳动或实践，才能使现实的人增长认识和才干，使人获取进一步的完善和发展。同时，马克思在《共产党宣言》中强调，“对所有儿童实行公共的和免费的教育。取消现在这种形式的儿童的工厂劳动。把教育同物质生产结合起来，等等”。他认为教育需要借助实践平台培养人才，实践是促进人才形成和发展的重要路径。马克思主义实践观为新时代人才工作中人才的培养方面提

供了科学的指导，即人只有在实践中才能成才和发展，教育必须同物质生产实践相结合才能造就出人才。

另外，人与环境关系理论，指出了人与环境是互相影响的，人的发展，人的政治观点、重要论述观点及道德规范的形成都会受到一定社会条件的制约。所以，我们要注重营造良好的社会环境，使环境能够成为培养人才的自觉手段。马克思主义关于人的需要的理论，为人才开发工作提供了理论指导，如“个人有许多需要，他们的需要即他们的本性”。正是因为需要源自人们的本性，且人必须在现实生产实践中满足需要，所以在为了满足人的本性需要的实践活动中，人们之间必会产生联系。因此，人才的开发工作要基于个体和社会需要为出发点，并朝着满足个体的需要，才能够得以顺利推进。杰出人物与人民群众关系理论指出，创造社会历史的主体者是人民群众，但并不否认杰出人物对社会历史发展的重大贡献，同时指出人才源于群众。这些理论，为新时代人才工作的人才培养、选拔等方面提供了具体的科学的理论依据。

伴随着马克思主义在20世纪的广泛传播，马克思主义人才观也产生了深远的影响，成为我们处理人才和人才工作问题的认识论和方法论基础。新时代人才工作正是将马克思主义人才观与人才和人才工作的特点相结合的产物。

二、中国传统文化中的优秀人才重要论述是新时代人才工作的重要论述渊源

“以历史唯物主义观点为指导，将中国古代的人才重要论述加以整理和研究，弃其糟粕，取其精华，从中找出规律性的东西，可以为我们今天正确处理人才问题提供许多有益的借鉴。”中国传统文化博大精深，蕴含了丰富的有关人才的重要论述。

第一，肯定人才的地位和作用，指出人才事关治国安邦。无论是古代的哪一个时期或哪一个重要流派，大部分政治家都高度重视人才。他们认为优秀人才的使用与否，关乎国家的安定和繁荣。西周时期，《诗经》曾大谈优秀的人才关乎一个国家的兴衰，认为文王之所以能够安定国家，依靠的就是众多的优秀人士。战国时期，管仲强调，天下的争夺就是人才的争夺。唐朝李世民指出，国家政治运行过程中，社会稳定的根源关键在于人才对社会治理的参与，强调治国最重要的是获得人才。明太祖朱元璋在《求贤令》中写到，国家的治理离不开人才。尽管古代有识之才对优秀人才的地位和作用所作的论述，在一定程度上反映出所谓的英雄史观，但在当时所处的特定的社会历史条件下，他们所

倡导的尊重人才、重用人才的理念及突出人才的地位和作用的做法，是值得当下借鉴的。

第二，强调重视人才的德行、才能、学问等素质特征，且注重德行为先。针对人才素质特征的探索，在古代重要论述家相关论述中，“除身体一项较少提及外，对人的德行、才能、学问和识见，都多有强调”[①]。《诗经》云：“永言孝思，孝思惟则。”《尚书》云：“弗造哲，迪民康。”春秋时期，晋国人范献子形象生动地指出，人如果有学问，就好比是树木有枝干和树叶。孔子强调才能是考察人才的一个重要方面。他曾言：“才不才，亦各言其子也。”也有不少重要论述家注重的是德行和才能这两个方面，并对德才关系提出了有益的主张。三国时期，诸葛亮在《戒书》中就强调，修身和养德才是一个君子真正应有的行为。北宋时期，司马光曾提出：德与才之间，德为统帅。晚清时期曾国藩曾说过，有才能无德行的人，形同小人；有德行无才能的人，形同愚蠢的人；与其做一个有才能无德行的人，形同小人，还不如做一个有德行无才能的人，形同愚蠢的人。以上这些重要论述，尽管是在当时特定的历史条件下形成的，但是依然能够为我们定义人才和识别人才提供具体的理论依据。

第三，倡导“尊贤使能”“尚贤使能”“知人善任”的选人用人之道。“尊贤使能”重要论述在春秋时期就隐隐可见了，到了战国时期，出现了大量有关“尚贤使能”的主张。墨子明确提出了“尚贤为政之本也”，且要“听其言，迹其行”，多方面观察他人的能力，从而授予其合适的官位和官职。孟子曾云：“尊贤使能，俊杰在位。”荀子兼顾儒墨两家学派的重要论述，又汲取了法家的重要论述，提出“欲立功名，则莫若尚贤使能矣”“尚贤使能则主尊下安”，即君主要成就霸业，必须选用贤能人才。到了魏晋南北朝时期，曹操提出“王者贤且明，宰相股肱皆忠良”，诸葛亮认为“治国之道，务在举贤”，且要亲贤人，远小人。到了唐朝，唐太宗以历史为鉴，直言“观古人君，行仁义、任贤良则理，行暴乱、任小人则败”。由此可知他对贤能的重视。古代重要论述家在阐述用人重贤能时，也有不少人提出要“知人善任”。如子囊曾说：“晋君类能而使之。”曹操也曾提到“知人善任，唯才所宜”。近代重要论述家龚自珍认为虽然要“不拘一格降人才”，但也要知其短。总的来说，古代源远流长的优秀人才重要论述对我们当下人才的选用具有一定的启发意义。

第四，认为立志、学习、教育、环境、实践、学校等因素会对人才的培养产生一定的影响。春秋时期，孔子指出“非生而知之者”。在他看来，虽然天性差不多，但是习性有天差地远的区别，这有赖于后天的养成。在孟子看来，

① 程有为．中国古代人才思想史 [M]. 郑州：中州古籍出版社，1996.

成才的关键在于立志和艰苦的锻炼，如《孟子》中所言，如果上天要赋予此人重大的任务，“必先苦其心志，劳其筋骨，饿其体肤，空乏其身，行拂乱其所为”，唯有经过如此艰苦的锻炼，才能磨炼出此人的心志和韧性。在荀子看来，人们的成才离不开环境和教育的潜移默化的影响，如他在《荀子》中所云，人能够发展成为尧禹那般的贤德之人，也能变成暴虐之人，“在势注错习俗之所积耳”。在淮南子看来，培养良好的德性，重在实践。如《淮南鸿烈》所云：“因其性则天下听从，拂其性则法悬而不用。”魏晋南北朝时期，诸葛亮认为“非学无以广才，非志无以成学”，换言之，要成才就须学习和立志。唐太宗认为，一个人是否成才，一是依靠国家和家庭的教育，另一个是依靠其自身的努力和学习，在他看来，“玉虽有美质，在于石间，不值良工琢磨，与瓦砾不别”。由此可见，立志、学习、教育、环境、实践，学校等因素的某一方面或是某几个方面对人才素质培养的影响，确实有迹可循。这对当下人才培养工作的规律性探索提供了一些切实可行的参考依据。

第四节　新时代人才工作的发展方向

一、人才战略的发展方向

发挥人才在创新驱动发展战略中的引领作用，让人才托举中国梦，这有力充实了党的人才观，充分体现了对人才工作的高度重视，是人才工作的实践指南。

（一）树立强烈的人才意识

我们必须树立强烈的人才意识，着力破除束缚人才发展的旧论述、旧观念。要在全社会大兴识才、爱才、敬才、用才之风，弘扬劳动光荣、知识崇高、人才宝贵的时代新风。要树立人人渴望成才、人人努力成才、人人皆可成才的社会理念，进一步增强加快建设一支高素质的人才队伍的责任感、使命感、危机感和紧迫感，充分发挥人才在经济社会中的战略性、决定性作用，将强烈的人才意识落实到人才强国的实践中，真正做到“发现人才如获至宝，寻觅人才求贤若渴”。

发挥人才在创新驱动发展战略中的引领作用。创新驱动发展战略是在党和国家事业发展全局的高度，确定实施的国家重大战略。创新的事业呼唤创新的人才，伟大的事业也造就创新的人才，人才在创新驱动发展战略中起着巨大的引领作用。实现创新驱动发展战略，人才是最为核心的要素。因此，必须充分发挥人才的引领示范作用，为人才培养构建良好的创新平台，积极营造浓厚的创新文化氛围，形成有利于优秀人才脱颖而出的体制机制，不断在创新实践中发现人才，在创新活动中培育人才，在创新事业中凝聚人才，促使各类人才大量涌现。

让人才托举中国梦。实现中华民族伟大复兴的中国梦，人才是关键。人才是衡量一个国家综合国力的重要指标。没有一支高素质的人才队伍，全面建成小康社会的奋斗目标和中华民族伟大复兴的中国梦就难以顺利实现。因此，要加强科技人才队伍建设，为人才发挥作用、施展才华提供更加广阔的天地，鼓励人才把自己的智慧和力量奉献给实现中国梦的伟大奋斗。我们要准确把握我国人才战略的核心内容和精神实质，把各方面的优秀人才集聚到中国特色社会主义伟大事业中来，培养造就一支规模宏大的高素质人才队伍，让浩浩荡荡的人才大军，为实现中华民族伟大复兴的中国梦提供强大的智力保证。

（二）强调人才的地位和作用

中国梦实现的关键是人才的储备。中国梦的实现，经济的巨大发展，都离不开人才的智力支持；我们需要更多的人才积极投身于中华民族复兴的事业，人才是一个国家发展和社会稳定的不可或缺的力量源泉。我们现在正面临全面建成小康社会的重要阶段，且目前已到了比历史上任何时期都要接近实现中华民族伟大复兴的历史时刻，更是需要全社会的支持，尤其是人才的智力支持。

创新的驱动实质是人才的驱动。创新驱动核心的部分和最根本的基础就是人才。我们要创造出敢于创新和包容创新的社会氛围，加快培养出创新能力强、责任心强，且规模壮大、人才比例合理的创新人才队伍，这既是对我国当前人才地位和作用的肯定，也是对当前人才角色的精准定位。

综合国力竞争的核心是人才的竞争。在和平与发展两大主题下，当今各国尤其是大国之间竞争关系集中体现在包含经济实力、科技实力、国防实力、文化实力、民族凝聚力等在内的综合国力强弱的较量；而一个国家的综合国力的强弱直接决定其在当今世界政治格局与经济格局中的地位的高低和话语权的大小。但实质上，一个国家的经济实力、科技实力、国防实力、文化实力、民族凝聚力等其他方面实力的表现形式的强弱，最终取决于其对人才资源的开发程度，换句话而言，人才竞争优势决定一个国家在综合国力竞争中是否能取得优势。此外，区域性和全球性经济合作范围及规模的不断发展，不仅引起知识经济浪潮的不断高涨，也促进了经济产业结构和产业发展模式的全球性大调整，大大推动了市场对人才资源的调配比例，人才在各类社会资源中的作用也不断突出。一个国家发展程度，更是有赖于人才的驱动。人才竞争已经成为一个民族乃至一个国家在国际较量和竞争中的关键，是综合竞争力的核心。

（三）提出人才素质的新标准

理想信念坚定。改革关键时期，面临着利益结构关系调整中引发的各种矛盾，世界同质化趋势背景下掩饰的多元化的各种冲突，唯有个人、党员，乃至一个民族对理想信念的坚守，方可突破物质世界带来的精神上的匮乏，实现中国梦的奋斗目标。从个人角度出发，理想是人生方向的引导者，信念是事业成功与否的关键。一个人理想信念不够坚定，只会停滞不前或是碌碌无为。从中国共产党的角度出发，将理想信念生动比喻为他们精神上的“钙”，并视其为党员立足于社会的根，一旦缺失或是动摇，一个政党可能会得上“软骨病”，可能成为糖衣炮弹的首位攻击者，可能成为围猎者的战利品，甚至有可能导致不断走向衰落。总之，理想信念动摇或是滑坡都是极度危险的事情。从国家的角度出发，中国梦的实现必须汇聚全社会和全民族的力量，尤其是精神上的力量保证，而这种力量，有赖于人民的信仰。

德才兼备、品德为先。古代贤明人士或是有识之才，无不看重个人品德。在他们看来，为政者须有德有才，且“以德为本”；修身者当重德，这关乎统治者的地位是否牢固，社会是否安定和个人是否有修养。如宋代政治家苏轼也直言“非德之威，虽猛而人不畏；非德之明，虽察而人不服”。也就是说，若不是因德行施威，即使高大威猛，也不会让人产生畏惧之心；若不是因德行是非分明，即使能够明察秋毫，也不会让人产生心服口服之心。对于古代时期对“德”的重视，以及对“德”和“才”两者关系提出的相关主张，中国共产党辩证地汲取其中的优秀成分，并以历史为鉴，高度重视为人为官之良好品德的培养。到了 21 世纪的今天，要认真贯彻德才兼备作为选用人才的标准，并强调要把握好“德”和“才”之间的关系，要先德后才，即品德为先。道德对于个人、中国共产党和国家都有最根本的意义。对于个人来说，人无德而不立，只有严格遵守私德、维护好公德和做到心中有大德，才能把才干发挥在正确的地方；对于中国共产党来说，中国共产党成长和发展的最重要的因素，就是要修德行，以德服人，以德立威；对于国家来说，国无德而不兴，这是中国历史和传统文化传承下来的重要历史经验教训。因此，人才的首要标准须是德。

心系人民、服务人民。为人民服务始终是我们党和国家各项事务开展的出发点和立足点。为人民服务是当下广大党员达到“好”干部标准的最低要求，但当下人士要想真正为社会做出贡献，还须有为人民服务之心，这无疑是为新时期人们成才指明了新的导向，即树立群众观和群众意识。

求真务实、真抓实干。求真务实是中国共产党一直传承的优良传统，也是我们党重要论述路线和工作方法论的主要内容。以古往今来的历史经验教训和长期从事于党的实践工作经验为鉴，全面建成小康社会，关键是靠真抓实干；为中国特色社会主义事业绘制出新的蓝图，贯彻和落实我们党的纲领和国家战略性政策，关键在于求真务实；打好供给侧结构性革新这场硬仗，关键在于脚踏实地；党员要想真正地为国家建设做出贡献和取得为人民服务的政绩，就必须做到勤政务。基于历史成功的经验和现实需求，求真务实观既是对中国共产党人的智慧结晶的继承，也是倡导新时期下人才应具有的重要标准。

敢于担当、勇于创新。第一，敢于担当是中国共产党先进性的体现，考察党员干部的先进性是否体现出来，最重要的检验标准，就看他是否有敢于担责任和风险的精神。唯有勇往直前、敢于担当，才能够接好历史的接力棒，担负起对民族的责任。第二，敢于担当是中国民族精神的重要内容，对于民族文化中的优秀成分，作为文化的传承者，理应积极汲取其中的营养成分，做民族文化坚定的捍卫者。第三，敢于担当是社会发展迫切需要提倡的一种精神。面临着国内国外局势的深刻变化，面临着深化改革期间出现的短期和长期兼并、周期性不定、结构性复杂的冲突和矛盾，如经济发展不平衡、城乡居民收入分配不均等问题，我们急需敢于担当的精神，这样才能做好经济社会发展各方面的深化革新，为中国梦的实现提供更为充足的物质准备和精神保障。勇于创新是结合当下时代发展变化的特征和社会发展实践的特征，对人才标准产生的一个新的认识。在世界范围内科学技术革命的背景下，突破经济发展的瓶颈期和创造出新的经济增长点，关键在于抓住创新，尤其是科技创新。

二、人才培养的发展方向

大力实施科教兴国战略，全面加强人才资源能力建设，积极培养高层次创新人才，是新时代人才观的重要内容。我国经济发展要突破瓶颈、解决深层次的矛盾和问题，根本出路在于创新，关键是要靠科技力量。要充分发挥高校人才荟萃、学科齐全、重要论述活跃、基础雄厚的优势，面向经济建设主战场，面向民生建设大领域，加强科学研究工作，加大科技创新力度，努力形成更多更先进的创新成果。

（一）统筹推进各类人才队伍的建设

“中国梦”的实现需要各式各样的人才的支持。正因如此，要统筹推进各类人才队伍建设。

一是注重培养一线创新科技人才。就当下发展形势而言，中国现面临着全面建成小康社会的重要阶段，急需创造出以创新为驱动要素的经济发展模式，同时期望科技创新发展带领其他领域产业的发展。但当前创新科技人才队伍在结构上面，存在着年龄不均、能力不均等不合理特征。在数量上面，依然缺少世界级高端人才、领军型和带头型人才，尤其是缺乏世界级的科技大师。因此，要努力造就一批世界水平的科学家、科技领军人才、工程师和高水平创新团队，注重培养一线创新人才和青年科技人才。

二是加快培养新时期党和人民需要的好干部。在各类人才队伍建设中，领导人才的培养尤为重要。因为要肩负振兴中华重任，不但需要科学的理论、路线和纲领的引导，还需要一支能够坚定执行该理论、路线和纲领的领导队伍。

三是加强培养高素质劳动者大军。世界范围内新科技革命的兴起，国内经济体制机制的转变，新的科技产业、新的经济发展模式、新的行业现象的涌现，都是对当下劳动者提高素质的呼吁。面对全面建成小康社会的重要阶段和改革的深水阶段，需要一支能够坚定贯彻中国共产党的路线、纲领和政策的青年干部人才队伍。为了更好地开创法治国家、法治社会建设的新局面，还要建立一支政治立场坚定、敢于承担责任的青年政法人才队伍。

四是加强人才资源作为第一资源的建设。人才效应，归根到底是人才的能力效应。构建社会主义和谐社会，增强自主创新能力，建设创新型国家，加快经济结构调整和增长方式转变，都使得人才资源能力建设处于更加突出的战略地位。将理论学习与实践学习相结合，重点培养人的学习能力、实践能力，着力提高人的创新能力。创新是一个国家、一个民族振兴强大的灵魂，培育人才重在培育创造性，重点培养高层次创新人才队伍。在党中央的正确领导下，我国人才队伍建设取得了很大成绩，开启了从人才大国迈向人才强国的新征程。截至目前，我国人才资源总量为 1.2 亿，科技人力资源总量达 6950 多万，研发人员总量接近 325 万，位居世界第一。科学引文索引收录论文 16.6 万篇，排名世界第二。发明专利授权 21.7 万件，稳居世界第三。我国在航天航空、深海探测、高性能计算机、量子通信等领域，取得一批标志性成果，缩小了与发达国家的差距，有些领域还处于领先地位。

（二）发挥教育对人才的基础性作用

教育是人类社会培育人才的直接途径，唯有具体的教育实践活动，使人们不仅能够驾驭科学的理论知识和正确的实践方法，还能够客观地再次认识和改造世界，从而挖掘出新的知识和探索出新的未来。当下青年的价值取向代表的是以后一段时期内的社会群体的价值取向，所以青年价值取向的形成和发展要从人生的初始阶段就引导好，这也就意味着必须从娃娃抓起，通过家庭、学校和社会形成一体的教育，对青年的价值取向进行潜移默化的影响，从而让他们树立起正确且科学的价值取向。目前，要发挥好教育育人的基础性作用，培育出当前急需的各类人才。

大力发挥教育对人才的作用。人才培养的过程是一个完整的链条，一个杰出人才的出现，既离不开校园的滋养培育，也离不开校园之外的广阔实践和人生历练，一般都要经历入门、成长和成熟等阶段，这是人才成长的基本规律。人才培养不能急功近利，唯有充分遵循人才成长的发展规律，科学规划、合理用人，才能为党和国家事业的发展培养出更多的复合型人才，才能让更多优秀人才展其才、创其业、建其功，为实现中国梦提供不竭动力。马克思主义认为，通过教育提高全体人民的重要论述觉悟和科学文化水平是实现人的自由的条件之一。人的成长与成才，一靠实践，二靠教育。

（三）坚持以人为本理念，遵循人才成长规律

在党的实践工作中，要始终坚持以人为本理念，并将其贯穿于各项重大战略和具体规划中。在全面统筹国家事业发展的进程中，要坚持“以人民为中心”的发展理念；在加强党政作风建设时，要坚持“执政为民”的理念；在具体部署和规划我国教育发展事业时，要坚持“以人为本”作为教育理念的核心部分；在不断落实我国人才发展规划和人才发展体制机制改革时，要坚持“以人为本”作为人才工作开展的首要原则。唯有不断彰显和突出以人为本的理念，才能使人得到有针对性的教育，从而更好地调动起人们的积极性和创造性。开展人才培养工作时，对“以人为本”理念的落实，最为集中的表现，主要体现在对人才成长规律的遵循。不断促进人才培养工作更加科学化，就必须坚持“以人为本”，将遵循人才成才规律贯穿于人才的培养工作规划和实践活动中。

遵循人才成长规律，建立人才培养的协调机制。人才成长有没有规律？这个问题在 20 世纪 80 年代曾经有过争论。现在，结论已经十分清楚。客观世界的一切事物都有其自身运动的规律性，只不过人们的认识水平有限，对一些表

面看来似乎没有什么规律的事物缺乏深入了解。当前，我国正处在加快转变经济发展方式、推动科学发展和实现强国梦的关键时期。建设高素质的人才队伍，已经成为推动各项事业蓬勃发展的重要保证。特别是经过改革开放的快速发展之后，我们更加迫切地感觉到，必须通过科技创新引领和支撑经济发展及社会进步。其实质就是指明了人才工作和人才队伍建设的根本目的是要服务发展，从当前来讲，要与科学发展更加协调，与创新发展更加协调，与转型发展更加协调，这为加快确立我国人才优先发展的战略布局指明了方向。总之，就是要建立人才培养的协调机制。

（四）坚持理论教育与实践培养相统一

教育最终的目的不只是用理论知识武装头脑，而是使受教育者将知识内化于心，学以致用。现实实践是实现教育育人的最有效的方法，同样也是锻炼和成就人才的最直接的渠道。青少年人才的成长不仅限于对课本理论知识的掌握，还要能够熟练地将所学到的知识同现实实践紧密相连，只有在实践中才能不断将获取的知识内化于心，并对客观世界产生新的认识。目前在科技人才的培养过程中，就存在与现实中的生产实践活动脱节的现象，这是非常影响人才培养工作的开展的。要学习掌握认识和实践辩证关系的原理，坚持实践第一的观点，不断推进实践基础上的理论创新。我们推进各项工作，要靠实践出真知，理论必须同实践相统一。必须高度重视理论的作用，增强理论自信和战略定力，对经过反复实践和比较得出的正确理论，要坚定不移地坚持。

三、完善人才选拔任用机制

为社会主义建设事业选拔出优秀的人才，是我党人才工作的一个重点。

（一）建立健全人才体制机制

构建具有全球竞争力的人才体制机制，破除体制机制障碍，为人才松绑，激发人才创新创业活力，使各类人才在自己的位置上发挥出最大的作用，把人才贯穿于现代化建设的全过程，为实现党和国家的战略目标提供有力的人才支撑。

创新人才培养机制。人才既需要自己努力，也需要社会培养、政策扶持。因此，要通过教育、培养培训、政策扶持、调整投入机制等方式，引导人们不断学习，提高认识与改造社会的能力。由于我国的人才面临“有高原、缺高峰”的问题，在人才培养工作中，不仅要重数量，更要重质量。完善人才的教育培训机制，就要加快培养重点行业、领域的新兴产业人才，建立以创新创业为导向的人才培养机制；开展“双主体”的人才培养模式，促进产教相结合；优化科研经费管理办法、人才市场选聘比例，营造有利于人才培养培训的社会环境。

创新人才引进机制。我国不仅要在本土加大人才培养，而且要构建具有国际竞争力的人才引进机制，积极引进海外人才，汇聚全球人才。这体现了“聚天下英才而用之”的重要论述，体现了人才强国战略的全球化发展思路。“研究制定外籍科学家领衔国家科技项目办法”的首次提出，体现了我国对引进人才的充分信任，体现了人才政策的开放性。完善引才配套设施，解决引进人才的后续问题，不仅能够引进人才，还能留住人才。

创新人才评价和选用机制。政府应该适当放权，发挥政府、市场、专业组织、用人单位等多元评价主体的作用，不断完善人才评价制度，朝着科学化、社会化、市场化的方向努力。让有条件的高校、科研院所和国有企业自主评审，让用人单位同时拥有评审权和聘用权，让包括海归在内的高端人才可以通过职称直聘快速晋升，这种绿色通道不仅调动了高端人才的积极性，而且有助于解决从国外引才时遇到的新问题。要不拘一格地选用人才，在人才的任用过程中要用其所长，避其所短，提供公平、开放、宽容的用人导向，要更加注重人才的品德修养，注重德才兼备，以德为先，正确处理好德与才的关系。

创新人才流动机制。人才流动是人才充分发挥作用的前提条件。近年来，我国出台多项新政，畅通人才流动渠道，如“千人计划”及《外国人永久居留证》等制度，但户籍制度、移民制度、签证办理、人事关系、学生学籍等制约人才流动的障碍依然存在。因此中央发布了《关于深化人才发展体制机制改革的意见》，提出建立高层次、急需紧缺人才优先落户制度，为解决人才流动中最头疼的户籍问题打开了突破口，加快了人事档案管理服务。

创新人才考核和激励机制。只有充分保障人才的知识成果产生相应的效益，才能更好地激发人才潜能，促进人才发展。《关于深化人才发展体制机制改革的意见》（以下简称《意见》）提出加快出台职务发明条例，为合理划分单位和创新人才之间的权益、最大限度调动人才创新积极性提供法律保障。《意见》针对我国激励机制的短板提出，要研究制定国有企事业单位人才股权期权激励政策，对不适宜实行股权期权激励的要采取其他激励措施。此外，《意见》还提出，要总结推广各类创新创业孵化模式，为有创业想法的人才提供低门槛、多样化的众创平台，顺应了时代热潮，有利于构建更加完善的人才激励机制。

（二）以德才兼备、品德为先为选人用人第一导向

德才兼备、品德为先之所以能够成为选人用人的首要导向，原因在于道德

对于个人、中国共产党和国家都有最根本的意义。对于个人来说，人无德而不立，只有严格遵守私德、维护好公德和做到心中有大德，才能把才干发挥在正确的地方；对于中国共产党来说，中国共产党干部的成长和发展的最重要的修炼，就是要修德行，以德服人，以德立威；对于国家来说，国无德而不兴，这是中国历史传统文化传承下来的重要历史经验教训。

（三）坚持五湖四海、任人唯贤原则

五湖四海、任人唯贤的选用人才原则，是我们中国共产党在社会主义历史发展的具体实践活动中，在对人才选用理念不断探索的基础上凝练出的一个重要观点。对五湖四海、任人唯贤原则的落实，即在选人方面，要摆脱只重视学历、职称或身份等旧习，选出有德有才的人；在用人方面，要打破以往传统的论资排辈、感情用事的用人思维，实施德才兼备、德为先的用人原则。

一是树立强烈的人才意识。树立强烈的人才意识，必须坚守人才资源是第一资源的观念。人力资源的核心重要论述，就是将人划分到与现有物资同为资源的范围内，最大效益化地人尽其用。从战略的角度出发，要把人才资源开发放在发展社会的优先战略任务中的首要位置；从人才队伍建设角度出发，必须坚守人才资源是第一资源的理念，激发出人力资源的最大效益化。总的来说，强烈的人才意识的树立，是五湖四海、任人唯贤用人原则在意识层面的集中体现，同时为坚持五湖四海、任人唯贤用人原则树立了正确的意识导向。

二是坚守事业为上、公道正派的大公大德的精神。坚守事业为上、公道正派的大公大德的精神是在选人用人时，坚持五湖四海、任人唯贤原则所呈现出的一种精神状态。对事业为上、公道正派的大公大德的精神的坚守，主要包含两个方面：一方面是指在选人用人上，从中国共产党和全民族的伟大事业的角度出发，坚持选用能够以党和全民族事业至上、敢于承担责任和风险的有才有德的人；另一方面是指在选用人才工作开展时，要坚持公道正派，也就是以党性和党的原则为上，拒绝投机取巧者和关系户，反对和抵制不良不正之风。

三是用辩证思维选人用人。用辩证思维选人用人是能够保证五湖四海、任人唯贤原则得以顺利进行的一种思维模式。换言之，只有立足于辩证的角度，全方面、历史和发展地考察、评估一个人，才能发现和挖掘出贤德的人。了解人的长处，也要了解他的短处；看一个人的发展，也要看他的历史；评估和衡量人才，不能单纯依靠唯一的标准；任用人才，要懂得扬其长，避其短。唯有如此，才能给五湖四海的人才提供一个展现其才能的机会，选出贤德之人。

（四）选人用人坚守“三严”标准

如何真正地实现人才选用工作的科学性和有效性，贵在坚持“严”，要将“严”贯穿于从选拔到任用的整个过程，做到严格选拔、严格考核和严格监督。只有坚守“三严”标准，才能保证人才选用工作的科学性和实效性，才能全面提升人才队伍的质量和优化人才结构。

严格选拔。要坚持正确的人才标准作为选拔人才的导向，充分发挥真抓实干的良好作风的方向标作用；要灵活运用选人用人机制，打破常规选拔人才重要论述，多侧面、多双眼睛、多渠道考察人才，避免“一刀切”；要抵制社会上选人用人不正之风所带来的消极影响；要了解一个人的长处和短处，并做到扬其长，避其短。唯有做到选拔过程中的“严”，才能做好选用人才工作的第一步，也为后期人才工作的顺利开展建立了一个好的开头。

严格考核。严格考核对人才起着导向作用、鞭策作用和激励作用，是人才创新创业的“指挥棒”。改进考核方法手段，既看发展又看基础，既看显绩又看潜绩。一方面，要完善考核方法，不能侧面地只看待一个人的目前现状和现有的成绩，要立足于历史和发展的角度，进行全方位和动态的考核，从而做出综合的评估；另一方面，要坚持因部门不同设置不同级别的考核内容和指标，要把定量与定性相结合，能够数据化尽量数据化，做到规定和要求明确且具体。只有在严格的考核标准下，进行全方位的层层考核，才能从实际出发，客观认识一个人的潜能和政绩，从而对人才做出正确的评价和判断。

严格监督。要注意事前监督，遵循正确的人才标准和要求选拔任用人才，以防止任人唯亲、违规提拔、裙带关系等问题的出现，并对违规选人用人的情况进行严厉查处，防微杜渐；要强化全过程监督，将监督措施落实到人才选用的具体实践活动中，严格把关每一个环节，做到同步监督；要加强日常监督检查，严格落实日常监管考核，将监督范围扩展到人才成员的生活圈、社交圈等工作以外的区域，并多方位、多渠道地观察其各方面的情况，及时纠正违规问题；要加快建构问责机制和倒查问责机制，做到有权必有责，失责要追究。此外，要充分发挥出群众、媒体舆论等各种监督渠道的作用，积极征询周围人的不同建议和意见，让选人用人制度更透明，做到人才选用的真正公平和合理。

（五）永远做一个学习大国

尚贤爱才是中华民族的优良传统。强调治国之要首在用人，培养人才是为了使用人才。我们必须树立以用为本的理念，学习、借鉴国外人才战略的宝贵经验，以全球思维来完善我国的人才政策，以更加开放包容的理念和姿态，借鉴一些国家成功引进海外高层次人才的经验和做法，加大引进国际化人才工作的力度，吸引并留住海外高层次人才。

中国要永远做一个学习大国，不论发展到什么水平都虚心向世界各国人民学习，以更加开放包容的姿态，加强同世界各国的互容、互鉴、互通，不断把对外开放提高到新的水平。当今世界，经济全球化、信息社会化所带来的商品流、信息流、技术流、人才流、文化流，如长江之水，奔流不息。“学习大国”的提出表明中国人民在实现中国梦的征程上，将以海纳百川的精神，吸收全世界优秀文明的成果，汲取人类所创造的一切知识智慧，通过做学习大国来推进人才工作的新发展。文化交流好比不同色彩的搭配，在纵横交错、明暗强弱的各式组合之中，新的画面和景色就会出现。一个国家竞争力的强弱，说到底就在于对人类知识智慧“组合”能力的强弱，就在于能不能够通过汲取和吸收“组合”出“新的画面和景色”。要成功实现“组合”，最根本、最可依靠的是人才资源。

（六）推进人才的对外开放

推进人才的对外开放是新时代人才战略重要论述着眼于全球视野、广纳贤才的重要体现。引进国外人才和智力，是中国对外开放的重要组成部分，是我们长期坚持的重要战略方针。一个国家对外开放，必须首先推进人的对外开放，特别是人才的对外开放。因此，对外开放要着眼于人、着力于人，推动人们在眼界上、重要论述上、知识上、技术上走向开放，通过学习和应用世界先进知识和技术，不断把整个对外开放提高到新的水平。中华民族历来具有尚贤爱才的优良传统。现在，我们比历史上任何时期都更需要广纳天下英才。要实行更加开放的人才政策，不唯地域引进人才，不求所有开发人才，不拘一格用好人才，在大力培养国内创新人才的同时，更加积极主动地引进国外人才特别是高层次人才，热忱欢迎外国专家和优秀人才以各种方式参与中国现代化建设。要积极营造尊重、关心、支持外国人才创新创业的良好氛围，对他们充分信任、放手使用，让各类人才各得其所，让各路高贤大展其长。当前人才竞争在世界范围内展开，因此对人才问题的理解更需要全球化的视野。改革开放的宏伟事业是由人来推进的，没有人的开放，特别是没有人的重要论述观念的开放，任何事情都会受到阻碍，改革开放就不能推向深入。

四、构建和完善人才管理体系

（一）坚持党管人才原则

党管人才原则是中国共产党在中国革命和社会主义现代化建设过程中，从不断推进人才体制机制建设的实践活动中所总结出的一条重要经验。所谓党管人才，实质上就是站在国家事业的高度，发挥我们中国共产党的政治优势、组织优势和重要论述工作优势，对人才体制机制的建设进行统筹顶层规划。这既能够让我国在国际人才竞争中具有体制优势，也能够充分整合和发挥出人才在体制机制的运行下所释放出的活力，从而为社会主义建设的伟大事业提供人力和智力的保证。

坚持党管人才原则，是中国共产党在从事人才工作实践活动中不断总结出的一条重要原则。坚持党管人才原则，第一，能够确保人才发展的大方向，推动正确人才观的实践，促进人才的快速发展；第二，能够保证人才体制机制的创新和完善，为人才的培育和成长创造出良好又稳定的制度环境；第三，能够合理地统筹和使用各类人才资源，并整合人才队伍所释放出的力量，形成强大的合力，共同使用在推进社会主义事业的发展上。党管人才，从根本上来说，就是通过相关人才政策的规划和人才体制机制的革新，从而优化人才培育和成长的制度环境和社会环境，为立志成才的人创造出更多的可能性和机会，为各类人才打造出更多施展才华的空间和平台。

（二）转变政府职能，落实用人主体的自主权

考虑到社会主义市场对人才的决定性作用和人才在社会发展中的作用不断突出的情况下，政府在人才工作中所扮演的角色、所起的作用、所采取的方法和所运用的手段也应该有所转变，唯有如此，才能更好地发挥人才管理体制的优势。如何转变？在人才工作开展的最初阶段到逐渐发展成熟的阶段，政府要从最初的前台主攻角色不断转化为后台的操作角色，从最初的主导作用不断转化为辅助作用，从宏观调控转化为微观调控，从政策的建设转化为法制的制定。换言之，一旦人才工作已经正式发展起来，政府应该逐步退出全能角色和让位全局把控的地位，要更多依赖于社会主义市场对人才发展的不断推进。只有这样，才能在社会经济不断发展的同时，促进人才得到有效且均衡的成长和发展。

转变政府在人才管理工作中的职能，也是为了更好地落实用人主体对人才选用的自主权。在《关于深化人才发展体制机制改革的意见》的落实过程中，要体现出人才管理体制的灵活性，就必须落实用人主体对人才选用的自主权。

所谓落实用人主体的自主权，就是指让用人主体有权根据单位的制度和需求选用人才，这是能够体现出用人的科学性、合理性和高效性的一种直接途径。在实际情况中，对于各类人才的具体需求的情况，还是用人单位最清楚。但目前，最为突出的问题就是人才招聘、评价等程序审批环节过多且审批时间过长，以至于一些用人单位出现人才进不来也无法走出去的现象。这无形中制约着人才的成长发展和人才优势的有效使用。因此，灵活的人才管理体制必须落实好用人主体的自主权。

（三）突出市场的决定性作用，完善市场化和社会化人才管理体系

历史实践进程已反复证实，市场机制是当下社会配置所有资源并能提高资源的使用有效率的最实用的方法。就目前而言，之所以现在的人才管理体制出现了一定程度的不适应现象，最为关键的原因就是没有最大限度地发挥出市场在配置人才资源时的决定性作用。想要形成人才管理体制的优势，就必须结合当下人才管理的现状，按照当下市场经济发展的客观内在规律和人才发展的客观内在规律，对管理体制进行深入的改革，充分发挥出市场在人才资源配置中的决定性作用。改革的最终目的，就是转变政府在人才管理工作中的角色职能，做好各种权力的分配，让市场在配置人力资源中最大限度地发挥出其决定性作用。而政府的职能，重点是体现在宏观调控大局，即从宏观的角度出发，弥补社会主义市场体系出现的失灵和不足之处，加强对社会主义市场体系的微观调控和监督，健全社会主义人才市场体系。

立足于全面提升国家治理能力和加快构成比较系统化的治理体系。加速形成市场化和社会化的人才管理体系，一方面是在人才工作过程中，形成政府、社会主义市场与各类社会组织三位一体的一种合作关系，三种主体共同参与人才发展的治理；另一方面是在人才成长发展过程中，形成政府、社会主义市场与各类社会组织互相协调、互相促进的人才发展格局，三种主体共同着力破除束缚人才发展的观念和破解影响人才体制机制活力的障碍。总的来说，加快完善市场化和社会化的人才管理体系，既能提高对人才工作治理的能力，同时能够避免人才管理出现体制分割和权力分割的局面。

五、营造引进人才环境

人才环境是指人才成长和发挥作用的各种外部条件的总和。人才本质上是社会环境的产物，人才能否顺利成长，能否脱颖而出，能否施展才华，与整个社会的人才环境有密切的关系。环境好则人才聚，要想取得人才竞争优势，关

键要以抓好环境为引进人才的首要目标，打破人才的体制壁垒、身份障碍，营造有利于人才发展的制度环境、市场环境、法治环境和生活环境。

（一）优化人才的成长环境

人才的培养、选拔、使用，离不开良好的环境，人才自身的成长、成才、发展也需要良好的环境作为保障。任何人才都产生和发展于一定的环境，因此，环境的好坏直接关系到人才的成长与其价值的实现。创造尊重人才的良好环境、充分发挥人才的作用是我党的优良传统，需要继续坚持下去，形成全社会都尊重知识、尊重人才、见贤思齐的风气，让人才在良好的环境氛围中为实现中国梦充分发挥出他们的作用。

（二）建立聚集人才好的制度环境

公开平等、竞争择优的制度环境，是人才能够脱颖而出，才华得到充分施展的保障。实践证明，人才竞争的核心是制度设计，关键是环境营造。我们要不遗余力地推进人才制度创新，营造敬才重才的社会环境，识才用才的工作环境，引才聚才的政策环境，优才留才的生活环境。加强和改进党对人才工作的领导，健全党管人才领导体制和工作运行机制，把各方面优秀人才集聚到党和国家的事业中来，持续不断地激发各类人才的创新活力和创造热情。

（三）完善有利于人才发展的市场环境和法治环境

当前，我国正处于重要战略机遇期，要想真正地吸引人才并且留住人才，必须发挥市场的决定作用，提供公平公正的创业平台。一是建立以市场需求为导向的人才引进制度，调动企业等经济组织参与人才工作的积极性，通过企业与人才双向选择发挥市场配置人才资源的优势，充分体现市场的决定作用。二是适应经济发展新常态，推进简政放权，发挥市场主体作用，提高科技成果转化能力，推进技术资本化、人才股份化，不断完善知识技术与现实需求的对接，使人才的价值得以实现，人才的知识与技术可以转化为现实的报酬，让一流人才享受一流待遇，激发出人才更大的创造力。

在全面推进依法治国的背景下，择天下英才而用之，创建公正的法治环境是吸引人才最好的方式。一是新时期引进国外人才和智力工作必须有相关法律作为支撑，为此，我国出台了《关于进一步加强引进国外人才和智力工作的建议》，推进各项重大引智工程。该文件的出台不仅有利于建设透明的、可预期的制度环境，而且能够优化人才引进结构，把人才引进的重点落实到提高质量、增强效益、优化结构上来。二是要完善人才工作的政策法规体系，让各种复杂的人才工作都可以有法可依。健全引进人才、培养人才、发展人才、管理人才等政策法规体系，让人才工作有规律可循，依靠法治有效实施，为人才脱颖而出创造良好的法治环境。三是要认真落实依法治国方略，严谨地按照法律法规的要求营造公正和谐、包容平等的法治环境，以法律为准绳促进公平正义，以法律为依据优化人才环境，为切实实现人事公正，必须把人才工作法制化、规范化。四是法律的制定与实施同等重要，建立完善的法律也只是一个开始，保证有关法规的严格实施才是法治环境建设的重点。因此，人才工作也一样，一定要做到“法立，有犯而必施；令出，唯行而不返”。在人才工作中注重法律手段，不断规范法律在人才引进、培养、使用等环节中的使用情况，营造有利于人才发展的法治环境。

（四）营造有利于人才成长的社会环境和社会氛围

面对我国人才规模大、构成复杂、重要论述多元化的实际，要想聚集天下的英才，各尽其能地使用人才，国家就需要为人才提供良好就业、创业的社会环境。一是要树立强烈的人才意识，解放重要论述，解放人才，努力在全社会形成爱才、敬才的社会环境，努力做到尊重人才的劳动成果，尊重人才的知识储备、尊重人才的创新创造。二是党和人民的人才事业要不断发展，我们要具备识才辩才的能力，懂得通过表面看本质，不把眼光局限于学历，更加注重人才的能力，不断提高识才用才的水平，为人才提供广阔的创新创业平台和事业发展空间，努力营造有利于人才脱颖而出的工作环境。三是在我国的新形势下，党管人才是我国人才制度的独特优势，要想在激烈的竞争中脱颖而出就需要充分发挥党管人才的优势，充分利用党的组织和资源优势，增进人才的交流，最大限度地团结人才，为人才提供引才聚才的政策环境。四是要在出入境、落户、住房等多方面开辟“绿色通道”，为人才提供优才留才的服务环境，确保高层次人才不仅能够引得进，而且能够留得住、用得好。五是借鉴发达国家人才引进经验，在签证制度、户口、留学生奖金等方面创新管理办法，开辟绿色通道，为人才提供优才留才的服务环境，激发海外人才的创造活力；优化人才的工作生活环境，巩固国内外各类优秀人才的合法权益，强化国内外各类优秀人才的服务保障，形成具有中国特色的人才优势。

“人人皆可成才、人人尽展其才”，这就要求全社会着力创造“鼓励创新、支持创业、崇尚成功、包容失败”的社会氛围。一是把握好人才的专业特长、兴趣爱好，坚持用其所长；不拘一格任用人才，避其所短；利用好人才的黄金期，将人才用到刀刃上，只有这样才能用其所长、用当其时，让人才在最佳位置上发挥最大作用，努力营造“人人可成才、人人可成事”的浓厚氛围。二是拓宽人才的发展渠道，优化人才的晋升机制，推进人事制度改革，破除“才而优则仕”的陈旧观念，让每个有能力的人才都有上升空间，都可以有施展才华的沃土，让人才成为整个社会的主体，在全社会营造人才资源是第一资源的浓厚氛围。

（五）营造有利于人才发展的工作环境、政治环境和生态环境

1. 工作环境：鼓励创新、宽容失败

创新成果的应用与普及为一个国家、一个民族带来了向上的生机，成为核心竞争力的体现。一个社会能否培养出大批创新人才，一般先从教育体系中寻找答案。教育固然重要，不过，社会的观念、风尚和文化环境的重要性可能超过教育。社会普遍认可的许多不成文的习俗、观念和风尚，是弥漫于我们生活中无形的价值观，在一个人成长过程中发挥着潜移默化的作用。创新型人才，往往具有独立主见、不会轻易附和的创新性格。鼓励创新，就是要形成一种人们敢于大声说出不同意见的文化氛围，打破“枪打出头鸟”“出头的椽子先烂”的旧观念。鼓励创新，就要有干事业的大舞台。2012 年 9 月，我国开始实施国家高层次人才特殊支持计划（又称“万人计划”），旨在发现、培养和利用国内高层次创新人才。该计划预计用 10 年时间遴选并支持 1 万名左右的本土高层次创新创业人才，鼓励并给予他们更宽松的环境开展创新创业。4 年来，“万人计划”成效卓著。首批 199 名青年拔尖人才，入选不到两年，就有 84 人获得国家级和世界级重要科研奖项；有 163 人在国际重要学术期刊发表高水平论文，成绩喜人。

鼓励创新，但要防止急功近利。很多科学研究要着眼长远，不能急功近利，欲速则不达，因此不要以出成果的名义干涉科学家的研究，不要用死板的制度约束科学家的研究活动。学术研究特别是基础研究的最终结果一般难以预见，我们应当鼓励研究人员就一个问题进行持之以恒的深入研究。英国数学家安德鲁·怀尔斯教授被美国普林斯顿大学高薪聘为数学系主任，从 1991 年至 1997 年的 7 年间很少在校园里现身，连一篇论文都没有发表。但正是在这期间，他潜心研究，攻克了 350 年来没人解决的数学难题——“费马大定律”。科学合理的工作绩效考核，能增加创新人才必要的紧迫感，强化其推动科技创新与进步的责任意识，但创新的火花往往在宽松、平等、自由的学术交流中迸发，创新的灵感往往在不经意间产生。过于量化的考核指标，容易导致科研行为的短视和学术交流的缺失。

鼓励创新，也要宽容失败。创新的过程中，不免受外界诸多因素制约，失

败的风险也随之加大。创新本身就是在失败的基础上不断前进获得的。有研究表明，科学研究成功率平均不到10%，创业成功率同样很低，创业企业的成功率仅为20%左右。因此，创新创业不能仅以成败论英雄。我们要有宽容失败的胸襟，全社会要有宽容失败的氛围。

要充分肯定各类人才坚持报国为民的志气，持续鼓励他们不懈进取的勇气，积极建立鼓励创新、宽容失败、爱护支持创新失败人才的机制和制度。既为成功者鼓掌，也给失败者投去欣赏和鼓励的目光，使创新人才活跃在广阔的发展空间和自由的学术氛围之中。

2. 政治环境：切实做好团结、引领、服务工作

实践证明，一个地区要形成对人才的强大吸引力，除了要有适合人才施展才华的舞台外，服务环境的好坏，即政府和相关部门的服务环境的营造也十分重要。从一定程度上说，其决定着地方人才发展的软实力。

优化人才服务，就要营造良好的政务环境，必须尽量减少和消除工作中人为的障碍和关卡，建立高效率、快节奏的行政管理体制。现行的科研管理体制，极大地束缚了创新人才的培养和成长：科研经费由多个管理部门掌握，条块分割、政出多门、各行其是，导致科研人员把大量宝贵的时间和精力用于找熟人、跑关系，应付各种检查，参加各种评审、验收等会议，用于科研的时间大大减少。因此，党委和政府要担起“主角”，必须明确政府职责，确立服务导向，拓宽服务领域，提升服务能力，增强服务实效，运行机制和管理方式向规范有序、公开透明、便捷高效转变。各级政府要想方设法为人才创造条件，设身处地为他们解决工作和生活中遇到的各种困难。

人才的运动和发展是有规律的，只有研究新的规律，在政策的改革和调整上才能把握主动。近年来，众创空间在中国崛起。2015年1月，李克强提出：顺应网络时代推动大众创业、万众创新的形势，构建面向人人的众创空间，激发亿万群众的创造活力。发展众创空间要充分发挥科研院所、高校、金融机构、创新企业等社会力量，着力发挥政策集成效应，通过以权威信息流带动创新要素有效匹配，为政、产、学创客各方搭建良好的工作平台，为创新创业人才提供优质的服务支持。

总之，把一切管理的着眼点定位在服务于人才效益最大化上，把管理的落脚点定位在让各类人才释放最大能量上，努力做到人才本位、政府归位、市场到位。

3. 生态环境：绿水青山就是金山银山

尽管人是自然界生命进化的最高物种，然而人与动植物一样，都需要特定的地域生态环境，都需要有利于促进自身生命进化的阳光、沃土。党的十八大把生态文明建设纳入中国特色社会主义事业五位一体总体布局，努力建设美丽中国，实现中华民族永续发展。发展经济要算环境保护的大账，把绿水青山这个最大的自然优势转化为经济优势，吸引更多的人才。创造人才成长良好的外部环境，促进人的全面发展。

生态文明为人才发展提供物质前提。人才需要阳光、植物、空气和水这些基本元素作为维持生理存在的必要条件，缺少这些必要的条件，连生存都成问题，更谈不上人才发展。自然环境通过气候、地球化学元素、环境污染物、自然灾害等因素影响成才主体的健康，进而影响人才寿命，从而影响人才的创造实践时间长短，也就影响人才的成就，制约人才发展的层次。此外，生态环境所提供的自然资源种类越丰富，成才主体的创造性社会实践活动也就越丰富，那么成才类型也就越多样化。[①] 如有矿产资源的地方，才有矿产勘探、开采、冶炼和加工；有草原地区，才有畜牧业，才有畜牧的饲养、防疫和治疗。成才主体在各自创造性社会实践中，产生了相应的人才类型。

一般来说，生态环境优越，自然资源丰富，生产力水平就较高，经济就较发展，物质财富就越丰富，就更容易促进科技和文化的发展。较好的物质条件和优越的生态环境也更加吸引人才。美国西雅图州的华盛顿大学与美国其他大学相比，其工资水平并不占优势，但却能吸引国内外高层次人才纷至沓来，原因是各类人才喜爱西雅图的湖光山色。在这里，天气晴朗的时候可以看到美洲最高雪山之一的雷尼尔山峰。人们为了美好的景色而放弃获得更高收入的机会，被戏称为雷尼尔效应。由此可见，生态环境较好的地区，有利于人才成长并吸引和稳定人才，人才结构也就趋于完善。

环境影响和制约人才的成长和发展，但人才在受到环境的影响和制约的同时，其又表现出对环境的能动作用。这种能动作用，主要体现在人才对环境的认识和评价、选择、改造和保护、利用等方面。两者相互作用、相互依存，在动态变化中保持必然的联系。良好的生态环境是人才整体发展的必要自然物质条件，是人才总体发展的前提和基础。它主要通过人类社会生产和生活活动间接地影响和制约人才整体发展。环境造就人才，人才也在选择环境。

---

① 肖恒. 论自然环境与人才成长的辩证关系 [J]. 沈阳大学学报，2008（5）：108-110.

六、高校人才培养的发展

伟大的重要论述只有付诸行动才能成为壮举。高校作为国家科技创新的源头和优秀人才聚集的舞台，承担着人才培养、科学研究、社会服务、文化传承创新和国际交流合作的职能，在建设人才强国中发挥着举足轻重的作用。正在纵深推进的“双一流”建设，对高校人才工作提出了更高的要求。

人才在高校，是一个包括党政管理人才、师资人才、科研人才、社会服务人才等多维度的大概念。师资队伍是最具基础性和决定性作用的人才资源。因此，要深化高校内涵建设，全面推进人才强校战略、全面加强师资人才工作是当前的首要任务。

（一）识才的慧眼

“四有”教师指有理想信念、有道德情操、有扎实学识、有仁爱之心。其实质就是坚持德才兼备、以德为先的人才评价标准。教师的“德”，主要体现在教师的重要论述觉悟、价值观念、人生追求、品德修养和工作态度等方面；教师的“才”，主要指教师的丰富学识、教学和科研能力。教师的“德”和“才”是相互补充、相互统一的，高尚的职业道德能够弥补教师能力的不足，较高的教育教学能力也能弥补教师道德素质的差距。高尚的道德会受到学生的尊重，较高的教育教学能力会受到学生的欢迎。高校师资人才如果想取得成功，就必须努力提高职业道德水平和教育教学能力。德才兼备、以德为先，凝练而科学地概括了师资人才应当具备的基本条件。

1.“德”的方面：加强师德师风建设

评价高校师资人才，首先要强调师德师风。所谓“师德”，是指教师从事教育职业劳动过程中形成的比较稳定的道德观念、道德行为规范和道德品质。大学阶段是学生的世界观、人生观和价值观形成的重要时期，大学教师的重要论述道德和敬业精神对学生的全面发展发挥着潜移默化的重要作用。师德是教师教育学生的前提。高校人才具备的教师职业的特殊性决定了其自身必须具备更高的道德境界，以高尚情操、丰富学识和人格力量影响教育学生。只有我们具备了高尚的师德才能做到传“道”，自己没有“道”又怎样去传“道”？这要求我们要把师德师风建设摆在师资人才队伍建设工作的首位，进一步增强广大教师的使命感、责任感和教书育人、为人师表的自觉性，造就高素质的教师队伍。

2.“才”的方面：创新教师培养模式

只具备良好的师德，却没有丰富的学识、教学和科研能力，也不是优秀的高校师资人才，人才不仅要有“德”，还要有“才”。这就要求广大高校师资人才牢固树立终身学习理念，不断提高业务能力和教育教学质量。同时，也要求我们要进一步创新教师培养模式，切实提升教师专业化水平。

高校对师资人才的培养，应遵循教师成长规律，按进校培养期、适应培养期、成才培养期分别制定成三大模块，实行全过程化管理，制定上一模块进入下一模块的准入条件考核体系，将考核结果与职称评定挂钩，实行系统的标准化培养。

以重庆大学城某高校为例，第一阶段是进校培养模块，通过新聘教师入职培训、高校教师岗前培训以及课堂讲授、专题讲座、典型报告、教学观摩等多种形式，着重提高新进教师的教育教学能力。实行试用期满转正考核等进行达标聘用。第二阶段是适应培养模块，制订“优秀青年教师培养计划”（又称“青苗计划”），以青年教师导师制为主要载体，进行导师制“毕业”考核。培养期3年，每年选拔20人，连续5年，共培养100名优秀青年教师。第三阶段是成才培养模块。“优秀中青年骨干教师培养计划”针对45周岁以下的一线专任教师，实行“双导师制”，校内、校外各选择导师一名，校外导师由同一学科全国知名教授担任。培养期3年，每年选拔10人，连续5年，共培养50名优秀中青年骨干教师。“校级教学名师培养计划”针对长期承担本科教学任务，年龄在52周岁以下，具有副教授及以上职称（副教授职务须受聘3年以上）的一线专任教师。培养期5年，每年评选3人，连续5年，共培养15名校级教学名师。“中青年骨干教师培养计划”“校级教学名师培养计划”期满考核合格者，分别授予“校级中青年骨干教师”“校级教学名师”称号。三大培养计划统称“校级优秀教师培养计划”。学校成立人才工作领导小组，负责优秀教师培养计划的统一组织和实施，并建立人才工作评审专家库，评审专家由领导小组办公室和学校纪检部门随机抽取，还要做好各阶段遴选、培养和考核工作，真正培养出名师优才。

高校十分重视青年教师培养，支持青年教师学历提升和继续深造，鼓励青年教师在职攻读博士学位，整体提高学历学位层次。《专业技术人员继续教育管理办法》完善了青年教师定期轮训、国内外访学、挂职锻炼、社会实践制度，加强了青年教师海外学习经历、第二校园经历、社会实践经历“三种经历”培养，鼓励二级院系分期、分批选派骨干教师到国际国内知名高校进修学习，整体提升了青年教师业务水平。

（二）爱才的诚意

一流的人才是创办一流大学的前提，而创办一流的大学又能吸引到一流的人才。清华大学法学学科的迅速崛起，缘于其组建之初从全国法学学科排名前三的院校中大批引进人才。华东某经济大市的一所 211 工程院校，通过人才工作，使该校的全国排名从 100 名左右升至前 20 名。可见人才对高校“双一流”建设的重要性。因此，要进一步深化人才发展体制机制改革，为人才发展松绑。

1. 人才投入优先保证，用合理的待遇激励人才

中共中央《关于深化人才发展体制机制改革的意见》指出，优化财政支出结构，完善人才发展投入机制，加大人才开发投入力度。高校提高人力资本投资，要进一步争取国家和地方政府的财政支持，拓宽科研经费的来源渠道，通过财政拨款、校企合作等多种方式，实现资金来源多元化。

目前，中国高校的薪酬相对而言是比较低的。据麦可思研究 2016 年 8 月对大学教师进行的“大学教师薪酬福利调查”数据表明，教授（本科 7947 元，高职高专 7305 元）和副教授（本科 6262 元，高职高专 5805 元）月收入较高，讲师（本科 5011 元，高职高专 4646 元）和助教（本科 4130 元，高职高专 3786 元）的月收入则低于全国城镇非私营单位就业人员月收入（5169 元）。通过对被调查教师的深入分析发现，在对月收入不满意的教师群体中，教师职业“收入整体偏低”是教师对月收入不满意的主要因素。除此之外，造成教师对月收入不满意的原因还包括“收入增长与物价上涨幅度不匹配”和“绩效分配不公，多劳不能多得”。

探索改革高校薪酬体系，强化分配激励机制，让绩效工资能够更加宽松、更加弹性。高校应根据市场物价水平和自身发展的实际，适时提高收入和福利待遇，改善人才的经济状况，提高人才的生活质量。使薪酬分配向一线教师和拔尖人才倾斜，合理设置各岗位级别的收入差距。薪酬结算体制能够让高校教师有更多的获得感。另外就是，设立人才引进与培养基金，优化人才的工作条件和生活环境，提供成熟的配套设施，切实注重“引凤”前的“筑巢”工作。

确立人力资本优先投资、优先积累的原则，必须加大“双一流”建设经费的投入，加大对学科、重点科研项目、人才队伍建设投入，加大对国家重点项目、重大专项、高水平论文、重大成果突破、专著等的奖励力度，加强一流学科科研创新平台建设。依旧以湖南某高校为例，该校制定了突出贡献奖励办法，体现优劳优酬，为推动全校教学科研工作上水平、上台阶创设积极氛围。奖励类型一类是教育教学突出贡献奖，具体包括教学成果、学位授权点建设、教学质

量工程、教材、参与和指导学生竞赛以及指导文体竞赛；一类是科学研究突出贡献奖，具体包括科技论文、学术专著类、科技成果和专利类等；其他未列入且与上述相当的奖励，经3位评委推荐，2/3以上评委讨论通过，可予以奖励。这样可以进一步激发广大教职工发挥主动性和创造性，在教学科研、专业建设等方面争先创优。多管齐下，实现人人面前有通道，人人脚下有台阶，人人心中有愿景，人人身上有动力。

2. 改革人才评价机制，在考核评价中发现人才

在实际人才招聘或考核工作中，我们通常会设置某些通用选拔标准，然而时常会遇到与之不完全吻合的人才，或发现按标准选拔的人才却没有如理想中的发挥效用。评价要素的选择、考评内容的量化等设置的不适性，容易遭遇在人才引进和管理方面的风险和意外。近年来，不少高校就教师分类管理进行了许多有益尝试，但是在科学性和实效性等方面均未显示出公认的权威性和普适性。

岗位设置是高校人事管理制度的重大革新，其与学校人才队伍建设规划相结合，推行学院分类管理、岗位分类设置、教师分类聘用、绩效分类考核，充分发挥二级单位和各级学术组织的主观能动作用，引导学院分类协调发展。对教学科研人员以创新和质量为导向，体现学科差异的原则，改革科研考核评价和经费管理体系，充分调动教师、研究人员、研究生的积极性。以教师分类聘用为基础，深化职称评聘制度改革，突出重师德、重能力、重业绩、重贡献的教师考核评价标准，探索实行学生、教师和社会等多方参与的评价办法。通过在这些考核评价中实行灵活的岗位流动聘用机制，实现职称职务能上能下、人员能进能出，创造人才脱颖而出的体制机制。

（三）用才的胆识

1. 转变政府人才管理职能，健全市场化人才服务体系

这些年来，政府部门就高等教育综合改革做出了许多有益尝试，高校用人自主权扩大：高校可以依据一定的原则自主制定岗位设置方案；自主安排、执行用人计划，并建立动态调整机制；自主公开招聘各类人才，可采取考察方式直接招聘学校紧缺的专业人才、高层次人才。这些都是值得肯定的，并且取得了不错的成绩。但是由于高校事业单位的属性，受事业单位管理的限制。在实施编制实名制管理的大背景下，编制越管越细，但某些部分对高校高等教育的属性并不适用。

健全市场化、社会化的人才管理服务体系，是时下高校人才工作的现实需求。高校岗位的特殊性和高层次专业人才的相对稀缺性，使得高校往往要付出高昂的人才搜索成本。由政府权威部门牵头建立高校人才市场或类似的行业智库的呼声越来越高。以智库为载体整合行业高端人才，通过云计算和大数据等技术，为高校稳定地输送人才，既提升了招聘工作的效率和品质，又便于有志于从事高校教学和科研的人员找到心仪的岗位，还可以有序承接政府转移的人才培养、评价、流动、激励等职能。

2. 加强和改进高校党委对人才工作的领导

办好我国高等教育，必须坚持党的领导，牢牢掌握党对高校工作的领导权，使高校成为坚持党的领导的坚强阵地。

从学校层面来说，学校党委加强对人才工作的宏观管理，根据学校发展对人才的顶层设计，统筹协调人才资源的优化配置。党委直接联系人才制度要求校领导专门安排时间上门走访联系高层次人才，多听他们的意见，对人才个别意见有偏差，甚至是错误的，也要多一些包含，多一些宽容，及时帮助他们解决工作生活中遇到的困难和问题。

对职能部门来说，要提升相关部门协调效率。组织人事部门负责办理人才的接收、调动手续，兑现人才的相关待遇，做好人才职称评聘工作，落实人才培养、培训计划，制定人才考评机制，并为人才做好相关服务工作。科研管理部门负责人才科研成果的审定和管理以及科研经费的管理。财务管理部门负责做好人才相关经费的保障。资产设备管理部门负责做好人才过渡住房、实验用房的安排和仪器设备的购置与管理等工作。

各二级院系要加大师资人才建设力度，不要把它当成是组织人事部门的工作。各院系要培育自己的人才团队、梯队和特色。将师资人才工作列入二级院系绩效考核指标体系，变“推着走”为“主动走”。

高校坚持和完善党管人才的根本原则，要不断创新党管人才的方式、方法，真正形成学校做协调、学院做主体、职能部门做服务的校院联动格局，形成推进人才工作的整体合力。

3. 加强人才资源开发利用和能力建设

人才发展以用为本，要加强人才资源开发利用和能力建设。一些高校缺少教学名师，有水平、有影响、受学生欢迎的教师较少，部分正高职称人员并没有从事教学，教授人均课时数偏少，严重影响了教学质量。以湖南某高校为例，目前该校教授在教学上的贡献度不容乐观，一是除二级学院外，该校的“双肩挑”“双身份”及延迟退休的教授数量占了3成；二是未从事教学的教授占到校本部的1/4，学校正高人员人均本科教学时数偏少。在教师人均课程数和课时数影响了教学质量的情况下，还有百余名“双肩挑”人员占据了教学岗位。这些数据反映出的问题应引起重视。高校必须坚持和落实教授上课制度，充分发挥高水平教师资源对教学的重要作用。“双身份”“双肩挑”和退线、延迟退休的高职称人员按基础绩效考核要求，每年必须完成相应的教学工作量。对“双肩挑”人员有引导性地合理分流，鼓励一部分人向教师身份转变，确保合理使用人才。

（四）容才的雅量

与企业不同，人才在选择高校工作时除了考虑薪资待遇，也会关注学校声誉、学科平台、教学理念等方面，因为这不仅是个人价值的体现，更关系到自身今后的发展与成就。这就要求高校还需在学校特色、优势学科及内涵品格方面下功夫，树立品牌、增强实力。

要营造良好的学术环境，弘扬学术道德和科研伦理，在全社会营造鼓励创新、宽容失败的氛围。高校对人才出成果时常急于求成、求全责备，忽视综合能力和团队精神，缺乏长远眼光。人才成长的环境不够自由、不够宽松，挫伤了一批有识之士的积极性，有的人才甚至被边缘化。

高校要改变以往闭塞、片面的人才观念，转变人才工作作风，各有关部门要着力提高人才服务水平，创造适宜校园环境和人际关系环境，重视与引进人才的沟通反馈和跟踪服务，帮助他们快速实现“本土化”，让人才工作无后顾之忧，使人才效用最大化。同时，高校要以大学精神培育为核心，以校风、教风、学风为重点，进一步凝练校训、校歌、校徽的文化内涵，营造潜心研究、严谨治学、鼓励创新、宽容失败的学术生态环境，充分发挥高校文化优势，以先进的大学理念和高雅的校园活动，打造校园文化品牌，增强高校对人才的吸引力。

（五）聚才的良方

高校扩招以及学校办学层次的提升，使得各高校对人才的需求量大大增加。当前各高校之间的人才竞争非常激烈，这种竞争形式上表现为学科与平台、项目与成果、教学效果与社会服务等方面的竞争，归根结底是人才资源的竞争。在专业领域及学科方向较为集中的情况下，人员的选择范围相对较为狭窄，人才竞争异常激烈。在这场“人才大战”中，一些弊端也逐渐显现，如人才引进同质化和功利化、物质化、短期化。

1. 做好高校人才队伍结构调整

现在，高校在人才招聘中对人才的学历层次、海外经历、学缘背景等硬性指标的要求不断提高，这无疑是符合社会发展进步的，但是缺乏科学的层级设计，缺乏明确的发展思路，这种对普适标准的追逐导致高校人才工作同质化，人才引进容易出现“短期救火”和急功近利的现象。

纵观重庆某高校 2012 年至 2016 年公开招聘教职工的学历结构发现，该校近 5 年公开招聘的人员学历层次不断提升，具有博士学历人员所占比重更大，学缘结构优化。研究湖南省普通高校近 3 年的公开招聘方案，我们发现有关学生辅导员岗位的招聘几乎都要求具有硕士学历，对专业的要求则放得比较开。一味强调学历，而忽视岗位的特性和人才进校后的发展问题。

我们在开展人才引进前，必须以现代人才队伍建设思路为指导，依照学校发展目标和学科队伍定位，做好人才队伍结构调整。首先是优化现有人才资源的组合，教学科研人才与管理人才、重点人才与基础人才相结合，使人才结构趋于公平、高效、协调；另外，根据本土人才的专业结构与层级分布情况，制定人才引进计划，更加合理地大力引进高层次人才，吸收更多拔尖人才。

完善学科梯队建设，引进造就一批行业领先、国内知名的优秀学科带头人和能领导本学科进入国内先进水平的领军人才；加强中青年学术骨干和学科后备带头人的培养，形成老中青结合的学科梯队；加快科研团队的优化培养，充实科研力量，巩固传统优势，培育新型特色，打造高端学术团队，实现个体优势向整体优势转变。在各重点领域建立起“领军人物、学术带头人、中青年科研骨干”为主体的塔形人才结构。

2. 推动高校人才有序流动

基于一流人才及一流人才带来的课题、成果，总能给学校的“双一流”建设“加分”，各高校的人才争夺已是火药味十足。各高校纷纷出台各自的人才引进管理办法，以期争夺人才高地。

“高薪引智”是近年来人才工作的热词。东莞理工学院推出 100 个职位，为优秀青年博士一次性提供 26 万元的安家购房补贴及最高 30 万元的科研启动费，暨南大学为“长江学者”和“千人计划”青年学者分别开出 200 万和 100 万的购房补贴及安家费的条件。放眼望去，不乏价码高达年薪百万的例子，可谓“财大气粗”。这种现象，从积极的方面说，能有效配置已有的教学科研资源；从消极方面来讲，这无疑会拉大各地教学资源的差异，使人才引进出现功利化、物质化、短期化的倾向。

目前高校引进人才比较看重头衔和“帽子”，实际上是一种功利化的体现。这种功利化现象有可能与教研的实际绩效相背离。人才引进的本质是为高校选拔有专业素养的人才，这些“帽子”并不等于学术生产力，因而应该“去帽子化”，让专业的同行去评估筛选，选拔出真正的人才而非仅仅关注引进人的头衔名誉。我们在实际操作中，要加强对引进人才的聘用合同管理，让他们按契约办事。

2017 年 1 月 25 日，教育部发布《关于坚持正确导向促进高校高层次人才合理有序流动的通知》指出，不鼓励东部高校从中西部、东北地区高校引进人才。此后，全国“两会”期间，陈宝生在记者会上表态，希望东部高校“手下留情”，称“你挖人家的人才，实际上是在挖人家的命根”。经济越不发达的地方越难吸引人才，但越不发达的地方越需要人才。所以说，挖中西部地区的人才无异于挖人家的命根。基于国家、区域教育资源平衡的考虑，规范高校人才合理流动，还需要从国家制度层面进行调整。为此，我们可以考虑为高校人才流动设置薪酬上限：一是不同区域执行不同薪酬体系，中西东地区执行不同的薪酬标准；二是薪酬体系考虑学术贡献性；三是考虑现有团队的基础水平，以标准倍率制决定各级教师薪酬。

从全国高等教育布局来看，中西部除了武汉、西安、成都、重庆等几个大城市之外，其余地区的高校资源都不算太强。那么，湖南作为中部省份，在经济实力不占优势的情况下如何突围而出呢？其除了加强高校自身内涵建设、凝练品牌特色、增强吸引力外，还应响应“广开进贤之路、广纳天下英才”的号召，加大人才开发力度，放宽选人用人视野。

我们把引进来与走出去相结合，拓宽引进渠道，变在家“等凤”为出去“揽凤”，积极参加或举办面向海内外的人才交流会，去各高校、科研院所甚至海外直接宣讲；利用各类媒体和互联网，采取网络招聘、视频招聘等方式吸纳青年海外人才和有海外求学、工作经验的高端人才；探索客座教授、荣誉教授、兼职教授的有效管理办法；充分利用博士后科研流动站的引智纳才作用。在全球趋同和人才招聘国际化的情况下，我们应遵循中国特色社会主义市场经济规律，把国内与国外相结合，不拘一格地选拔人才。当然，这并不意味着我们就可以放松人才引进程序。拓宽引进渠道，就意味着增强选拔人才的公开程度、民主程度，扩大群众对人才选拔任用的知情权、参与权、选举权和监督权。坚持严把选拔任用的关口，建立民主推荐和党委集体讨论决定相结合等程序，可以减少人力资本投资风险。

高校人才工作必须依靠在学校党委、行政的坚强领导下，二级院系主动担责，各部门协调服务，以教师第一、人才优先的理念，以务实创新、百折不挠的精神，以求贤若渴、虚怀若谷的胸襟，真正把重要论述统一到人才强校战略上，把行动付之于师资人才工作中，开好培养、引进与服务三驾马车，使我国高校的师资人才工作生机勃勃、活力四射，为实现“双一流”的目标提供强有力的师资人才保障！

第二章　坚定实施人才强国战略

古今中外的朝代更替史都表明，人才是治国安邦的核心要素。在中国革命和改革建设的过程中，也正是由于我们党长期重视培养和任用各类人才，才能保证革命和改革建设取得伟大胜利。

第一节　重视人才是我国步入人才强国之列的前提

人才强国的前提是坚持人才在国家发展中的重要战略地位。我国充分肯定了人才在实现中华民族伟大复兴的中国梦、实施创新驱动战略以及党执政兴国中的战略地位和重要作用。重视人才是我国步入人才强国之列的前提。

一、人才立国的价值取向

（一）人才是实现新时代中国伟大复兴征程中最坚实的基础

人才对中国梦的推动作用可以从国家、民族和人民三个方面的主要内涵进行阐述。具体地说，国家富强繁荣和民族振兴发展很大程度上取决于具有一大批符合国家发展需要的高层次人才，能够推动科技进步，引领人民发展生产，创新社会事业，促进经济发展、国家进步。改革开放多年来，我国现代化建设取得举世瞩目的成就，成为世界第二大经济体、贸易体和第一大外汇储备国，创造了世界经济增长史的奇迹。但是我们应该长期保持清醒，因为国民经济能够长期保持高速增长的秘诀主要是依靠拉动投资、扩大生产规模和无节制消耗环境这三大措施。但是我国经济进入新常态后，以往的经济增长动力已经不能再适应生产力发展，劳动力成本低廉的优势也逐渐减弱，发展空间、资源要素和环境承载力方面的三大制约成为经济发展的难题。十三五规划提出要尽快调整产业结构，加快转变经济发展方式，大力实施创新驱动发展战略，建设现代化经济体系。要推动我国经济走上一条既拥有教高科技含量，又比以往耗费更少的资源，同时还要达到经济效益和质量保障的新型工业化之路，经济增长模式转化到依靠科学技术和高素质劳动者身上，其实质也就是需要加快培育一批发展现代化经济体系急需的优秀产业领军人才、熟知现代化产业管理专业知识的管理型人才和数以万计的高层次创新型科学技术人才。

（二）人民幸福是实现中国梦的重要目标

国家要在多方面满足广大人民群众日益增长的美好生活需要，如教育教学、医疗卫生、就业失业、养老保险、社会保障等。而从当前现实来看，我国社会事业领域的现有人才队伍与发展需要还存在很大差距，突出表现为教育教学、医疗卫生和社会工作等领域的人才队伍无论是数量还是素质都还不能满足建设覆盖城乡居民基本公共服务体系的要求；文化艺术、食品安全、社会和谐等领域也急需大批素质优良的专门人才。未来十几年，我国社会的组织结构和现有利益格局将会发生深刻变化，不久将全面建成小康社会，因此，当前加快推进以满足人民美好生活需要为核心，以完善社会民主法治、促进社会公平正义、提升社会公共服务水平为重点的社会建设，就迫切需要培育一大批发展社会事业的社会工作人才。

二、人才驱动发展的源动力

科技是国家兴旺发达的根基，创新是民族永续发展进步的灵魂。知识经济时代，创新已成为所有国家经济增长的发动机。

芬兰自 20 世纪 80 年代以来，跃升成为世界上最富裕、竞争力最强的创新型国家之一，依靠创新实现了跨越式发展。美国依靠持续的技术创新，长期保持了世界经济强国的地位。两者都有一个共同的不容忽视的重要原因——依靠创新的巨大推动力实现跨越式发展。芬兰和美国作为典型的创新型发达国家，其创新发展之路值得我国学习借鉴。经济增长方式、社会进步发展、严峻的生态环境污染以及国家各领域安全问题都应该全部转变到持续依靠科技创新上。创造性是科学技术人才的根本特征，它派生出科技人才其他的特点。科技人才的劳动就是通过对科学技术活动进行一系列探索，创新了旧的理论、旧的概念、旧的原理，创造出新的技术、新的产品。因而，科技人才的创造性劳动能够给生产发展带来质的变化和飞跃，促进国家物质建设和精神文明建设。

人才是创新发展的内生驱动力主要表现在以下两点。首先，创新思维的产生不是凭空出现的，它萌生于人才的头脑中。创新的产生，无疑需要平台的搭建、政策的激励、经费的支持，但这些只是外部条件，创新最关键也是最难的部分在于创新思维、创新理念。在科技创新的诸要素中，只有人才能够产生这种新想法、新思维、新观念。其次，人才是创新发展的先驱力量。创新很多情况下是一种重要论述、理论、知识、技术方案的形态，要实现创新驱动发展，必须把重要论述转化为行动，把理论落实到实践，把知识转变成技术，把技术方案变为产品，创新活动的一系列推广应用是将抽象的科技理论成果转化为现实产业化的重要环节，而且所有创新活动的执行和实施均需要依靠各方面的人才才能得以完成。

三、人才兴党的执政意识

人才是治理国家的宝贵资源。人民要依靠党的引导教育共同建设社会主义现代化伟大事业，而党的领导团结作用必须要依靠数以亿计的优秀人才来具体实施。

我国正处在改革发展的关键时期，要着力推进中国特色社会主义的各项伟大事业，迫切需要培育数量庞大、素质优良的优秀人才，才能保证党和国家在变幻莫测、风起云涌的国际大浪潮中始终鳌头独占，在日新月异的信息社会中走在发展的前列。

第二节　培育人才是人才强国工作的基础

培育人才是人才强国之基，改革开放以来，党的领导集体关于人才培养工作的优秀经验，继承了马列主义人才培养理论，强调了人才培养的重点，指明了现阶段人才培养的正确方向。我们要遵循社会主义市场经济规律和人才成长规律培养教育人才，尊重规律、按规律办事，提高人才工作的科学化水平。

一、基层锻炼人才的培育路径

北宋哲学家张载有书云：“艰难困苦，玉汝于成。”要成大器，必须要经过艰难困苦的磨炼。苦难是人才的生母，人才是苦难的产儿。如同泥水孕育种苗、岩缝长出劲松、烈火炼就真金一样，越是苦难环境熬出来的人才，就越是不同凡俗。在我国历史上，许多优秀人才在逆境中磨炼出超强的韧性，引爆了生命的巨大正能量，终于炼成真金。

党和国家需要的优秀人才必定是具有坚强意志和积极进取精神的人，因此，对于这类人才来说，艰苦的环境不仅不会成为他们前进道路上的绊脚石，反而会成为一种强大的驱动力，驱使人才奋发图强，集中精力工作，在克服困难的过程中，振奋精神，磨炼出坚强的意志品质。

可见，人才的培养必须经过艰苦环境的锻炼，因为只有直面艰苦，不怕困难，自觉地在艰苦中锻炼，才会使自己对客观现实、人生真谛和自我价值有更深层次的认识与更切实的体验，才能磨炼自己的意志，挖掘自己的潜能，发挥自己的才智，才能化压力为动力，以坚强的意志和积极的心态去迎接困难和风雨，主动承担社会责任，最终在艰苦的环境中磨炼成才。历经了千锤百炼的人才有勇气面对各种困难，这对于治国安邦来说，无疑是一种最雄厚的资本。

二、注重创新的育才导向

创新是一个国家、一个民族进步的不竭动力，也是经济社会发展的不竭源泉。高层次创新型人才掌握着大量的科学技术和专业知识，是知识、技术和技能最富集的载体。一切科技创新活动都要依赖人去完成。

科技创新引领着世界各国生产方式和生活方式发生根本性变革，未来哪个国家抢先占据了科技创新的制高点，谁就能在综合国力竞争中夺得优势地位，在国际经济发展中赢得巨大优势。我国人才事业发展的总体水平不论与我国事业发展的现实要求相比，还是与世界人才队伍建设的先进水平相比，都有较大差距，尤其是缺乏高层次创新型人才，人才数量、规模大小、素质高低会极大地制约我国经济科技的发展，也会深刻影响小康社会目标的实现进度。目前，我国在科技队伍上面临创新型科技人才结构性不足、工程技术人才培养同生产和创新实践存在脱节的严峻挑战，因此，必须加大以科技创新领军人才和企业家为重点的创新型人才培养和引进力度，科技创新要优先开发人才资源，改革人才培养与使用的体制机制，培育数以亿计的具有世界水平的高层次科技创新人才，为经济社会发展提供有力的人才保证。我国要建设成为世界一流科技强国，归根结底要在人才队伍建设上下功夫。要重视科技人才创新创造，提高科技人员待遇，极大地激发科技人才队伍创新创造活力和潜力的迸发，推动科技创新成果的顺利实践落实。那么如何在科学发展的实践中提高创新能力？科学发展实践主要是要搞好“三个结合”，增强“三种本领”：一是运用科学理论指导实践创新与在实践中推动理论创新相结合，增强推进理论创新、实践创新的本领；二是把吃透上情与摸透下情相结合，增强创造性开展工作的本领；三是把敢闯敢试与把握规律相结合，增强解决新问题的本领。

三、遵循人才成长规律的育才理念

任何事物的发展都有其内在的规律性，这种规律性是事物内在的必然联系，决定着事物发展的方向和趋势。人才现象也不例外，人才的成长和发展也有着自身的规律性。人才成长规律是指人才成长过程中的各种本质的和必然的联系，是各种主观因素与客观因素相互作用的结果。这种联系不断重复出现，在一定条件下经常起作用，并且决定着人才必然向某个方向、某种趋势发展。人才成长规律是客观存在的，是不以人们的意志为转移的。人们不能创造规律，更不能违反规律，但可以通过实践认识和利用规律。要促进人才的成长和发展，就要把握人才成长的规律。所谓人才成长规律就是人才成长过程中带有普遍性的客观必然要求。

第一，厚德育人规律。一个人要成长为对国家对社会的有用人才，成长为大家、大师，必须以德引领人才、以德孕育人才、以德润化人才。第二，量才施用规律。要根据人才不同的优缺点来进行任用，每个人都具备不同的天赋素质，专长和短板。例如，杨振宁原来从事实验物理，后来他发现自己更擅长理论物理，调整事业方向不久后就获得了很大成功。在实际工作中首先要注意发挥人才的长处。注意不同的岗位匹配具有相对应专业能力素质的人才，这样才能让各类人才发挥最大的能力，达到人尽其用的最优值。第三，竞争成才规律。有比较才有鉴别，有竞争才有活力。人才成长的过程，是一个相互竞赛、比学赶超、拼搏前进的竞争过程。人才创造力的充分发挥有赖于社会良性竞争的存在，正是社会竞争培植了人的进取心和首创精神，推动了人才素质的提高，加快了人才进化的速度。第四，最佳成才期规律。中青年时期是人一生中创新思维最活跃、精力最旺盛的时期，是人才成长和使用的“黄金期”。有研究发现，人才最佳成才年龄区是相对稳定的，各个领域的人才都有一个最佳的成才期。如在自然科学领域取得重要成果的最佳年龄区是25—45岁。社会科学人才的成长，则往往需要更丰富的阅历和更深厚的积累。当然，依据专业领域的不同，最佳年龄区也有所不同，但总体来看，人才的成长都要经过继承期、创造期、成熟期和衰老期四个阶段。第五，实践成才规律。人才的成长发展，都必须要接受递进式的、抓铁有痕式的实践历练，实践增长真才实干，实践产生人才。这是人才成长过程中颠扑不破的根本规律。人才工作的根本任务就是在实际工作中发现人才，在使用过程中评价人才，在创新创业中培养人才。中华文明进步的广阔实践，始终是育才的温床、长才的土壤、炼才的熔炉、展才的舞台和验才的标尺。

人才培养不可能一蹴而就，唯有充分遵循人才成长发展规律，科学规划、合理用人，创造人才辈出的社会条件和良好环境，才能为党和国家事业的发展培养出更多的人才，才能让更多优秀的人才展其才、创其业、建其功，为实现中国梦提供不竭动力。

第三节　选用人才是人才强国工作的核心

人才的选拔和使用是人才强国工作的核心，用好人才、充分发挥各类人才的作用是人才工作的根本任务。用才是对人才的培养，也是培养的最终目的。

一、德才兼备的识才标准

德与才内容广泛，有着强烈的时代特征。不同阶级、不同社会对人才标准的诠释都有着不一样的解读。就其变化而言，它会不断地充实很多新的内容和新的要求。我们党选拔、任用人才，一贯坚持德才兼备的基本准则，但在不同的历史时期，面对变化的时代课题，德才兼备标准又会有不同的具体要求和着重点。

新时代中国社会主要矛盾发生了深刻变化。凡是没有理想信念的人，不可能成为人才。共产主义是人类最伟大的理想，一切优秀人才，唯有把共产主义远大理想作为自己崇高的社会理想，才能站得更高，看得更远，才能真正为人民谋幸福，为民族谋复兴。因而，党的十九大报告指出，选人用人首要突出政治标准，要提拔重用那些坚定“四个意识”和“四个自信”、全面贯彻中国特色社会主义政治路线和基本政策的人才。“为民服务，心中有民”也是我党选人用人的核心标尺。人才，是在人民的土壤中培育出的，忘记人民，疏远人民，是人才成长的大忌。背弃人民，危害人民，是人才成长路上的致命伤。现代社会理想的基本特征就是为人民服务，否则，不能成为社会需要的人才。勤勉尽责、求真务实、脚踏实地干事是我党选拔人才的重要衡量准绳。

十九大报告指出，要树立正确的选人用人导向，就是要让真抓实干的人才充分得到重用，让弄虚作假、作风漂浮的干部受到贬责，在全社会营造勤政务实的社会风尚。直面困难、敢于担当不仅是党的干部也是所有人才的基本素养。一个敢于担当的人，同时也是一个有着高尚的道德品行、职业操守和胸怀天下的人。在国家、人民需要的时候，能够毫不犹豫地承担起自己的责任，能够以国家和人民的利益为重，这样的人才能成为国家的支柱，在历史的洪流中被世人铭记。所以，选用人才，要看他是否能在大事难事中挺身而出，能否在逆境中勇于担责。清明与腐败、廉洁与贪婪，是检验人才的试金石，是我们党选用人才的考核标准。在物欲横流、充斥诱惑的社会，更需要人才经受住考验，坚定理想信念，始终保持清廉的操守品行。我国反腐败斗争压倒性态势巩固发展，反腐进入深水区，在全面建成小康社会的决胜阶段，要实现中华民族复兴的伟大梦想，夺取新时代伟大斗争的胜利，就需要更多廉洁奉公、明纪守法的人民公仆。

二、广聚英才的用才路线

拓宽选才视野，应该善于运用360度视角筛选人才，因为选才者视野覆盖面的大小，决定了其选才的广度。从心理学的角度来看，“首因效应”“近因效应”和“晕轮效应”都非常深刻地揭示了印象具有一定程度的主观随意性。既然人的印象具有主观随意性，那么，这必然影响人才的鉴别和任用，因此，必须扩大选才视野，避免个人视野的局限性。

自古以来，干部的业绩在实践，干部的名声在民间。因为人往往具有多面性，仅仅以一人之眼力来考察审核人才难免会出现偏差，这就需要借助广大群众集体的智慧来增强选拔人才的公平性、准确性，提高人才使用的准确性和效率。因此，深入群众，放宽视野，借用群众的慧眼发现人才、鉴别人才，能够充分了解人才的长处、短处、长中之短、短中之长，以提高选人用人的精准性。

拓宽选才视野，应该坚持不拘一格选拔人才。从人才史上来看，很多杰出人才都曾经混迹过社会最底层，而成就大业的君主往往是那些能够发掘隐藏着的人才的人。刘邦成功的原因之一就是他善于拓宽选才视野：张良是朝廷捉拿的要犯，萧何是提刀小吏，韩信是一个降卒，官不过是执戟郎中。正是由于刘邦的知人善任，不拘一格用人才，其才能够一统天下。

不能仅仅根据单一的学历、职称、资历的高低和身份等级来选用人才，而应该开放人才工作思路，以人才的实际成绩，辩证全面地考察一个人。既要看他在顺境中的表现，更要注重他身处逆境中的作为；既要看他在现阶段耀眼的成绩，更要注重他长期潜在性、铺垫性的工作；既要看他已取得的工作成果，更要看他工作时的态度；既要看他已经打开的工作局面，又看这一工作局面形成的基础和前提。考察要从多个渠道、多个层次和多个侧面深入着眼，而不能单纯停留在抽象的感觉印象上。

三、知人善任的用才方略

真正做到关爱人才、敬重人才，就必须要坚持唯才所宜、用人得当的用才策略。用人得当，就是要科学合理地使用人才，知晓每一个人才的优势，充分发挥其长处，用当其长、用当其时、用当其位，使人人才尽其用。

用当其长，就是要为人才找到最适合的专业领域和工作岗位，充分发挥人才的长处和潜力。自然界中不同的事物有不同的用途，同一事物也会有不同的特点。人才也一样，不同专业、不同领域的人才储备的知识、擅长的技能也各有专攻。要想发挥人才的最大价值，达到用才的最大效益，就绝不能“让学园艺的开机器，学化工的收废品”，必须择其长而用之。真正全知全能的“通才”并不多见，十全十美的人更是几乎不存在。因此，要考虑到人才的智能结构、思维特征均有差异，有的放矢地将各类人才安排在与能力相对应的岗位上，专人专岗，科学分工，才能推动事业的长足发展，促进人才的成长。

用当其时，就是要在人才发挥才干的最佳年龄段内及时任用，实现人尽其才。人在学习和创造的最佳年龄段内取得成果的可能性最大，创造的价值最多，如果贻误了最佳的创造黄金期，之后取得突破成就的可能性就相对较小。古人有言：“用人之道，当自其壮年心力精强时用之。”中青年时期是人才灵感思维、创造力和精力最旺盛的“黄金期”。如马克思、恩格斯发表《共产党宣言》时，分别为 30 岁和 28 岁。最佳年龄段是发明创造和为社会做贡献的重要时期，即使一个人很有才能，如果长期闲置不用，其创造热情就会下降，知识也就会贬值和过时。因此，对于优秀年轻人才要早发现、早使用，让他们在创造高峰期唱主角、挑大梁，早出人才、多出人才。

用当其位，就是将人才的素质能力与岗位的实际需求有效结合起来，建立科学的竞争择优机制，力争把每个人才都放到最合适的岗位上，发挥每个人才的天赋和作用，做到才尽其用。人的才能素质，具有质的多样性和量的差异性，这种区别是客观存在的事实。人才只有在其最佳或次佳才能得到充分发挥的条件下，才能做出最大贡献，获得成功。因此．坚持用当其位，一方面需要为各类人才的发展提供公平公正的机会和竞争的平台，合理配置人才资源；另一方面还要完善人才流动配置机制，使人才在流动中找到发挥作用的最佳配置，最大限度地发挥自己的才能，促进人才合理流动。

第四节　管理人才是人才强国工作的重要保障

人才的科学管理是人才强国工作的重要保障。对人才资源的精心管理具有重大的理论意义和现实价值，是实现我国由人力资源大国向人才资源强国转变的重要保障。我国正在建设社会主义法治国家，人才管理工作也要向法治化推进。加强人才的对外开放也是管好人才工作的重要部分，要创造人人成才，人尽其才，才尽其用的良好环境。

一、完善党管人才法制保障

党管人才的重要内容就是加强党对人才使用开发工作的领导和服务。党管人才原则是我国在改革开放过程中开展党的组织工作和人才工作的实践经验总结，是新的历史条件下党管干部原则的深化、拓展、提升。坚持党管人才原则是人才强国的根本保证。为了保证党管人才的原则在实施人才强国战略的过程中得到落实，在人才的工作理念和思路上，要坚持和完善党管人才的原则，从根本上保证做到解放发展人才、用好用活人才，调动广大人才工作者的积极性，充分发挥各类人才的智慧，使他们集中全部精力为党和国家建设发光发热。党对人才的管理主要是宏观指导，政策保障，为人才提供协调服务，把握好人才工作的总方向，而不是管控所有一切具体的事物。同党管干部相比，党管人才对象更广泛、层次更多样。因此，用传统的党管干部的方式来管理人才已经不能适应新形势下开展人才工作的需要。党管人才要清醒地认识到人才工作发展的新变化对党管人才提出的新要求，在新的历史时期开创人才工作新局面。建立中国特色社会主义现代化市场经济体系，就要相应地健全人才市场体系，促进人才发展体制机制创新改革，充分发挥市场高校配置人才资源的基础性作用；人才管理工作从选拔、培育、使用到考核每一个环节都必须公正法制化；要善于利用大数据、网络信息等现代化科技成果有效开展人才工作。同时，党组织在管理人才过程中，要突出政治信仰，引导主流价值观，倡导激励人才为国家和人民的伟大事业做贡献。党的领导是中国特色社会主义最大的优势，更是做好党和国家各项工作最根本的保证。党的执政地位与政治使命，决定了其在发展中国特色社会主义事业中必须坚持党管人才原则。

同时，党管人才必须与以法治才相结合，在法律范围内注重运用法律法规依法推进人才治理工作。从世界范围看，以科学、完备的法制来开发、管理和保障人才是成熟市场经济国家人才开发工作的有效经验。人才工作法制化建设，是推进人才管理工作科学化、规范化的重要内容，是实施人才强国战略、贯彻党管人才原则的法律保障。因此，党管人才只有与以法治才紧密结合，才能奠定人才治理的合法性基础，提高人才治理的公信度和满意度，从而构建起我国参与全球化人才竞争的强劲制度优势。

二、扩大人才对外开放

实行对外开放，是我国总结国内外历史经验的必然结果，是顺应经济全球化的现实需要，是加速我国建设社会主义现代化的必要选择。中国的发展与世界的繁荣相互促进。闭关锁国的教训和改革开放的巨大成功警醒后世，只有以更加开放包容的姿态拥抱世界，同世界各国紧密联系，友好往来，国家才能保持长久的安定发展。

对外开放是中国经济腾飞的一个秘诀，是我国的一项长期基本国策。在对外开放的一系列工程中，人才的对外开放是我国长期以来一直给予特别重视的问题。全球化一体化程度加深，人才竞争也随之在世界范围内展开，这要求我们要与时俱进地用全球化的视野来处理人才问题，以达到更好的人才开发效果，提升人才国际竞争力。改革开放的宏伟事业需要由人来推进，没有人的开放，尤其是没有人的重要论述观念的开放，做事情就会受到阻碍，改革开放的各项事业也就难以推向深入。在全面深化改革的新时期，引进国外人才，实行人才对外开放，在全球范围内开发和配置人才资源，学习和借鉴先进的国外经验和技术是建设人才强国的保障，同时需要不断提升国民综合素质，跟上世界脚步和时代步伐的战略性选择，更是我国经济社会发展的现实需求和必然选择。

三、优化人才成长环境

在全社会营造爱护人才、敬重人才、合理使用人才的良好环境，是我国加速建设成人才强国的重要保障。人才一旦离开特定的历史条件和社会环境，都会变成无源之水、无本之木，成才无异于异想天开或缘木求鱼。事实上，不论是国家之间的人才争夺战，还是地区之间的人才竞争，其中影响人才流动的一个重要因素就是人才环境的优劣。

为人才营造良好环境可以从以下方面着手。

首先要发挥好劳动模范的榜样引领作用，从精神上激励广大人才创业的高涨热情；其次要在生活上、工作上给予人才亲身关怀，做到全方位、全过程、全覆盖的服务，让他们能够全心全意地投入事业中去；最后要从体制上解决问题，破除各种束缚和限制人才的体制机制障碍，为人才的自由流动打通渠道，使那些既有报国之心又有报国之才的广大劳动者的积极性、创造性得到极大发挥，只有这样，才能从根本上营造人才成长发展的良好环境。宽容失败是尊重人才成长规律，促使人才在实践中多加探索取得成功的必要前提，也是真正爱惜人才、合理培养人才的重要手段。营造出鼓励创新、宽容失败的环境可以使人才不至于因为偶尔几次的失败遭受质疑而畏惧探索、止步不前。一个国家和民族能够持有多大胸怀正确看待并充分理解宽容人才在工作上的失误，它就能在多大程度上承受风险的考验，也能在多大程度上促进人才的顺利成长发展。因此，我们要摒弃凡事要求尽善尽美，只看重成功，不容许一丁点失误的陈腐功利的用人观念，为广大人才创造出宽松幸福的工作环境。

第三章　推进新时代海外人才工作战略

第一节　新形势下引进和用好海外人才的战略背景

一、国际竞争驱动

“国以才立，政以才治，业以才兴”，随着世界经济全球化纵深发展、知识经济日益崛起、高等教育国际化深入拓展，人才、科技、知识逐渐成为国家间综合国力竞争的关键性因素，高端人才站在世界科技发展前沿，是科学技术及知识创新发展的发动机，集聚海内外高层次人才资源是切实提高国家综合实力、积极参与全球科技竞争的重要举措。进入21世纪以来，国际竞争日益激烈，产业升级和经济结构步入转型阶段，各国家及地区迫切希望通过引进海外高层次人才来实现转型升级，2008年爆发的国际金融危机刺激了各地竞相赴海外“抄底”人才，国际范围内的海外引才工作步入新局面。世界各国纷纷以国家为主体、结合本国发展实际需要拟定并完善海外引才政策，积极探索海外人才开发和使用战略。

随着国际人才流动程度和国家开放程度的提升，移民成为发达国家争夺发展中国家人才的最佳手段。美国政府不断修正移民法为外籍优秀人才提供便捷的签证通道，借助职业移民政策吸引众多吻合国家战略发展需要的海外高层次人才，并充分利用人才携带的有形资源和无形资源实现美国社会经济的迅猛发展。英国政府通过发布“国家科技发展白皮书”和“高级人才招聘计划”，高薪聘请来自世界各地的顶级人才并重金购买其先进科研成果，全方位保障英国在国际上长期占据领先地位。而日本借助留学生政策以吸引和储备海外人才，于2008年7月提出“留学生30万人计划”，旨在至2020年接收30万名国际留学生。韩国也实施了相应计划，锁定284名海外顶尖学者，未来5年将为他们提供 8300 亿韩元的资助。世界各国对顶尖人才的竞争日益激烈，加快我国海外高端人才引进工作是面对新时代国际人才竞争的客观需要和必然要求。

二、社会发展促生

从现代大学发展及其功能演进的过程来看，大学从来就没有与社会及所处的环境分离过，大学总是服务于社会，或寻求服务于社会的机会。社会的不断发展亟待延揽大量海内外高端人才资源，为满足国家战略发展需要、提高科技发展水平提供坚实的智力支撑。随着社会经济发展进入新时期，人在社会主义现代化建设中的驱动作用日益显著，党和国家高度重视人才工作，深化人才强国理念，将人才工作纳入国家发展规划中，把海内外高层次人才队伍建设摆在重要位置，支持海外高端学者借助多种方式为我国服务。但我国高层次人才的结构、能力和数量还不能完全满足国家需求，亟待从全球范围内吸引高层次人才为国家战略发展提供支持，聚天下英才以突破关乎国民经济发展的关键行业、高科技产业以及新兴研究领域，努力开创社会发展新局面。大学是孕育和汇聚社会精英人才的高地，社会发展促生对高端人才的渴求，不同阶段的社会发展规划都强调要完善高层次人才队伍，明确提出了海外引才工作的发展方向，中央及各级政府部门不断加强对相关工作的重视程度，出台了一系列以高层次人才为目标的海外揽才政策。我国相关引才政策在中央政府的主导下，交由相关职能部门、高校及科研院所协同配合开展引才工作，具体落实引才流程并对人才进行考核评估，形成自上而下的政策执行模式，深入强化中央政府的顶层设计能力。

三、大学内需推进

大学的质量取决于人的质量，大学建设应以人才为支撑。高等院校是汇聚、发展和培养海内外高层次人才的战略高地，一流人才队伍为提高教育质量、建设一流大学、培育一流学科提供重要保障，高等教育的繁荣发展推动我国海外引才政策的出台。20 世纪 90 年代，我国高等教育规模扩张迫切需要大量优秀师资，满足培养人才、科学研究、服务社会等需求，海内外高层次人才作为促进高等教育发展的尖端人才队伍，对促进高校及学科可持续性发展、提升大学教育综合质量具有重要价值。随着“211”工程、“985”工程、“2011 计划”及“双一流”的陆续推出，大学对海外高水平人才的需求更为强烈，大学发展归根到底要靠师资队伍。世界一流大学的共性在于其汇聚了全球顶尖人才，承担教学任务和科研任务的同时以国家重大项目等形式服务于学科、大学及社会发展。高等教育国际化程度的进一步提高，使我国政府及相关部分充分认识到要提高大学教育质量、创建一流大学和一流学科，必须造就一流的师资队伍，在支持国内优秀人才发展的基础上大力开展海外揽才战略，充分发挥国家引才政策的优势，通过高层次人才的跨国流动，充分发挥人才在各领域内的引领作用，产生一流的科学研究成果，提升大学的办学质量和综合实力。

引进国外智力是必须长期坚持的重要战略方针。十八大以来，党和国家高度重视引进国外人才和智力工作。

四、国家发展战略

当前，我国经济发展进入新常态，中国经济将从要素驱动、投资驱动转向创新驱动。创新与转型之要，首在人才。我们要深入贯彻落实党的十八大以来中央各项决策部署，科学把握引智事业发展规律，进一步明确新常态下引智事业改革发展的战略目标、重点任务和基本要求。使我们更加深刻认识到引进国外人才和智力工作在党和国家发展大局中的功能定位和使命担当，更加坚定了与党中央保持高度一致的政治自觉，进一步增强了团结带领全国外专系统干部职工以强烈的责任感、使命感推动引智事业改革发展的坚定信心和决心。

主动服务和融入国家发展战略大局，一是全力做好引智服务推进“一带一路”建设，二是积极推进全面创新改革及部分区域试验工作，三是继续加强外国专家建言工作。

五、人才智力保障

随着我国创新型国家建设和全面建成小康社会的深入实施，战略科学家、科技顶尖人才的严重匮乏，以及高新技术产业和现代服务业高层次人才的短缺，已成为制约我国提升自主创新能力和国际竞争力的关键因素。围绕贯彻落实习近平总书记重要批示，我们始终坚持突出重点，聚焦国家战略目标，瞄准世界科技前沿，大力引进世界顶尖人才和国外青年科学家来华创新创业，人才引进结构得到了进一步优化。

以深入推进“外专千人计划”和高端外国专家项目为突破，统筹推进各项重大引智工程。围绕国家重大战略、重点工程、重大科技专项以及高校重点学科和科研基地建设，大力引进国外高层次人才和急需紧缺人才。截至目前，“外专千人计划”已完成五批，共313名专家入选。2012年以来，我国共批复高端外国专家项目2300项，高端引领的导向作用明显增强，应继续全面落实国家引智“十二五”规划确定的重大引智工程，加强工作指导，完善保障措施，研究总结经验，打造引智品牌。独联体与东欧国家引智专项、软件与集成电路引智专项、高校国际化示范学院推进计划等重点项目稳步实施。

优化项目结构，加强监督管理，出国（境）培训针对性、实效性进一步增强。加强出国（境）培训工作的统筹规划，科学制定培训计划，有效利用国（境）外优质教育培训资源，持续加大对重大人才工程、重大科技专项高层次人才培养以及专业技术人才中长期培训项目的支持力度，从严控制党政干部培训规模，出国（境）培训质量和效益不断提高。加强对国外智力资源开发利用的深入研究，进一步整合提升我局在渠道、系统、平台等方面积累的各类引智资源。在巩固已有渠道合作关系的基础上，与更多高层次专家组织、境外培训机构建立合作关系，国际人才交流合作空间和领域不断拓展。

六、国家治理现代化之需

中国要实行更积极、更开放、更有效的人才政策，使有志于来华发展的外国人才来得了、待得住、用得好、流得动，加快形成具有国际竞争力的人才制度优势。作为国家引进国外人才和智力工作的职能部门，贯彻落实海外人才引进，关键是要把主要任务和精力放在制定引智法律法规、改进宏观管理、加强顶层设计上。尤其对那些制约引智长远发展全局性、关键性的问题，必须增强战略思维，谋划好长远目标、总体方案和实施路径。当前，我们应坚持把依法行政作为履职尽责的基本方式，以改革创新引智体制机制为主要着力点，推动政府职能向创造良好发展环境、提供优质公共服务转变。

强化战略谋划和沟通协调，引智顶层设计初步完成。根据中央文件和党内法规制定计划，外专局负责牵头起草《关于加强新形势下引进外国人才工作的意见》（以下简称《意见》）。局党组高度重视《意见》起草工作，在相关领导的指导下，主动与中组部、外交部、发展改革委、教育部、科技部、公安部、财政部等多个部委领导充分沟通、统一重要论述、提高认识，并多次召开由相关部委、用人单位及外国专家代表参加的座谈会，充分听取意见建议，认真研究吸纳。《意见》坚持问题导向和市场化改革方向，遵循国际惯例，努力在集聚人才体制机制，实施更积极、更开放、更有效的外国人才引进政策等方面提出切实可行、务实管用的举措，特别是在外国人才来华出入境、居留、社会保障、使用激励等方面更加着力，确保实现“择天下英才而用之”的战略目标。除《意见》外，同时启动引智“十三五”规划编制工作，着重对“十三五”时期引智事业发展的总体思路、重大政策、重大工程及保障机制开展深入研究，确保规划的前瞻性和指导性。

深入调查研究，大胆探索实践，引智立法工作有序推进。目前，我国还没有一部专门的引进国外人才方面的法律法规，引进国外人才主要依靠碎片化的政策文件，透明度不高，稳定性不强，是制约引智事业改革发展的最大瓶颈。近年来，我国积极推进引智法治化建设，着力打造具有国际竞争力的人才制度优势，起草完成了《外国人在中国工作管理条例》，拟建立标准统一、程序规范、公开透明、高效便捷的人才准入制度；组织开展了外国人在中国境内工作指导目录及计点积分制度研究和试点工作，推动建立以市场需求为导向的人才引进及评价制度；深入调研世界主要国家的技术移民制度，探索制定符合我国国情的技术移民法律制度；充分调动地方积极性，先后批复山东日照和德州、福州海西、河南郑州建立引智改革试验区，批复上海实施技术移民试点，鼓励地方在引智体制机制和政策创新方面大胆探索、先行先试。近期上海市委、市政府出台《关于深化人才工作体制机制改革促进人才创新创业的实施意见》，专门明确了实施更积极更开放更有效的海外人才引进政策，创新了更具竞争力的人才集聚制度。

完善政策措施，引智行政审批制度改革深入实施。严格执行国务院关于取消调整行政许可项目的决定，目前保留“聘请外国专家单位资格认可”“外国专家来华工作许可”两项行政许可，将原有四项非行政许可调整为政府内部审批事项，取消一项非行政许可审批。积极推进行政审批事项下放工作，将“外国专家来华工作许可”和“外国专家证”的申请受理、证件发放等工作逐步移交中国国际人才市场。建设“外国专家服务大厅”，积极推动行政审批网上受理工作，为外国专家提供“一个窗口”规范化的便捷服务。深入推进外国专家分类管理，先后在国家广播电视总局、北京、天津等 8 家单位和地区开展分类管理服务试点。推动完善人才签证、绿卡等管理办法，使得国外人才来华工作的吸引力不断提升。

第二节　引进和用好海外人才的战略举措

坚持问题导向，深入调查研究，用改革的思路、创新的办法，研究提出新时期引进国外人才和智力工作的总体思路、主要目标、重点任务、保障措施和实施机制。

一、制定实施积极开放有效的人才引进政策

要实行更积极、更开放、更有效的政策，进一步健全政策法规。这三个“更”是我们创新政策法规的重点。一是加强引才政策的顶层设计。要立足人社部职能，总结梳理“十二五”人才引进政策，着眼于“十三五”经济社会和人才事业发展谋划人才引进工作，把引才工作纳入国家规划、人才规划和人力资源社会保障规划，使引进人才工作更具前瞻性、科学性和整体性。要加快研究制定《外国人在中国工作管理条例》，按照“服务高端、管理中端、限制低端”的总体原则，推进海外人才引进工作的法治化建设。二是着力增强人才政策的开放度。中组部、人社部、外专局确定了首批55项国家重点引才计划，比照“千人计划”享受出入境便利。下一步，要进一步扩大人才政策开放力度，积极配合中组部、公安部、外交部等制定关于外国人在中国永久居留管理意见、人才签证和居留的实施办法，研究拟定人才永久居留的标准、待遇和程序等政策，推动落实人才永久居留相关国民待遇，不断降低门槛，扩大人才出入境便利的覆盖面，让更多海外高层次人才顺利拿到人才签证、居留和永久居留。三是不断增强人才引进政策的普惠性和均衡性。目前，我国留学回国人员已达144多万人，面对中国历史上最大规模的留学潮和归国热，面对回国人员数量迅速增加、分布日益广泛的新形势，我们在重点做好引进海外高层次人才工作的同时，也要研究制定面向全体留学人员回国服务的普惠性政策，促进留学回国人员与国内就业创业政策的衔接，为他们提供就业咨询、创业指导、社会保险、安置落户、项目对接、融资服务、工商登记、税费减免等服务，进一步延伸人才引进服务工作的覆盖面。同时，我国在海外有5000多万华人华侨，其中很多是各领域的专家学者。做好华人华侨引进工作，充分发挥他们的作用，是我们做好引才工作的一大优势、一大特色和一大宝库，我们要以更加开阔的视野吸引华人华侨人才，研究完善回国（来华）专家制度，为他们回国（来华）定居工作创造良好条件。

二、推进实施更具吸引力影响力的海外人才计划

人才计划项目是吸引和集聚优秀人才的平台，是做好人才工作的有力抓手。要更大力度地推进“千人计划”“万人计划”。我们要按照“稳定规模、优化结构、确保质量、宁缺毋滥”的要求，瞄准国家急需、紧缺、薄弱、空白、关键领域，组织实施好各项人才引进计划项目。一是配合中组部实施好“千人计划”，组织开展好创业平台评审工作，加强“千人计划”服务窗口建设，着力提升服务

质量。二是实施好留学回国重点项目，进一步扩大高层次留学人才回国资助试点范围，组织实施好留学人员科技项目择优资助、留学人员回国创业启动支持计划、海外赤子为国服务行动计划和回国（来华）专家工作等高层次人才引进计划工作，加强对部门和地方引才项目实施工作的指导，打造一批各具特色的引才项目品牌，更大规模、更高质量地引进海外高层次人才回国工作、创业和为国服务。三是实施好国际职员项目，贯彻落实将要下发的《关于进一步加强国际组织人才培养推送工作的意见》，依据人社部的职责，完善国际职员管理服务政策，充实职员后备人才库，做好选拔推荐、培训、竞聘等工作，真正向国际组织输送一批来自中国的高素质、国际化人才。

在社会文明程度提升的同时，逐步摆脱单位体制的束缚，学术自主权得到提高，为海外引才政策的实施打下坚实的基础，人才引进手段可以灵活多样，兼顾长期引才、短期引才，引才方式的灵活性将提高政策的成功率。为进一步增强政策的吸引力，不同人才引进项目和同一人才引进项目均分为不同的回国服务时间，人才引进项目长短期相结合，为高层次人才提供多重选择，彰显引才方式的灵活性和操作性。“百人计划”引进国外杰出人才计划包括引进长期回国工作的杰出人才和招聘短期回国工作的海外知名学者两种方式；“千人计划”贯彻落实长短期项目相结合原则，于2010年开始实施“千人计划”短期项目，作为“千人计划”的重要补充，明确提出在“千人计划”实施过程中，必须坚持长期项目为主、短期项目为辅的原则，主要目的在于为不能全职回国（来华）工作的海外高层次人才提供短期为国服务的机会和平台。

我国引才政策重视个体引进与团队组建相呼应，“百人计划”“国家杰出青年科学基金”等主要以引进海内外个体人才为主；“创新团队国际合作伙伴计划”认识到团队建设的重要意义，主张由中国科学院科技创新基地工作领导小组根据重大任务和学科建设的需求，部署、组建创新团队，并确定团队依托单位，充分发挥海内高层次人才强强联合的团队作用。在全面引进海外人才、组建团队的基础上，各级政府及学界也通过国家政策咨询、专题内容研讨、重大项目合作、专利技术引进、国际学术交流、国外考察培训等多种方式延揽海内外优秀人才资源，深入挖掘海外智力资源，提高我国引才政策的吸引力。

三、完善法规制度，加快推进引进国外人才和智力法治建设

对那些制约引智长远发展全局性、关键性的问题，必须增强战略思维和全球视野，谋划好长远目标、总体方案和实施路径。

要更加注重法规制度建设，努力营造公开透明的引才环境。要坚持“吸引

高端、控制一般、打击非法”的原则，加快推进《外国人在中国工作管理条例》出台。尽快建立标准统一、程序规范、公开透明、高效便捷的人才准入许可制度，使之与人才签证和居留制度有机衔接。建立以市场需求为导向的人才引进制度，制定并定期调整《外国人在中国境内工作指导目录》。加强国别政策研究，借鉴发达国家经验，探索建立符合中国国情的技术移民法律制度。

全面实施外国人来华工作许可制度和外国人才签证制度。全面实施外国人来华工作许可制度和外国人才签证制度，是事关新时代引才引智事业改革发展的重要基础性工作，是落实国务院“放管服”改革要求的重要抓手，是构建具有全球竞争人才制度优势的重要途径，必须坚定不移、不打折扣，以重点工作的突破推动各项任务落实。一是完善外国人来华工作许可制度，加强政策评估，优化工作流程，推进信息共享和业务协同，建立服务用人单位、中介机构和外国人的信用监管体系，制定“双随机”抽查监督管理办法和外国人来华工作许可过错责任追究办法，完善事中事后监管。二是全力抓好外国人才签证制度贯彻落实。实施外国人才签证制度，是贯彻聚天下英才而用之战略重要论述的实践成果，向国际社会彰显了我国实行更加积极、更加开放、更加有效的人才政策的博大胸怀，为创新引进用好外国人才体制机制、完善管理服务体系提供了重要支撑。要按照开放、有序的总体原则，加强部门协同，切实发挥好政策效力。要做好政策宣传解读，及时发布权威信息，着力提高知晓度和影响力。要继续完善配套政策，不断提高人才签证含金量，切实增强我国人才政策的开放度和吸引力。

加快推进新时期引智综合性指导文件制定，出台外国人在中国工作管理条例，积极推进探索实行技术移民制度，推动建立透明的、可预期的制度环境。借鉴发达国家立法经验，逐步建立灵活便利的人才签证政策，逐步完善海外人才的国民待遇制度，认真落实保障海外人才合法权益的政策措施，推动形成具有国际竞争力的人才制度优势。推动《外国人在中国工作管理条例》颁布实施。加强沟通协商，开展制度研究专题调研，推动制定高效合理、科学反映市场需求的外国人才评价、准入机制，不断完善外国人来华工作法治化建设。积极参与制定《外国人永久居留管理条例》，明确外国人才申请和取得永久居留资格的条件和程序。持续推进中国政府友谊奖改革工作，修订中国政府友谊奖管理办法。制定非政府组织管理办法。支持鼓励各地区各部门大胆探索实践，有效发挥市场机制作用，制定配套政策措施，着力解决制约工作的突出矛盾和薄弱环节。

制度建设管长远、管根本。十九大报告鲜明提出了人才工作坚持的基本原则、战略目标和实施路径，为我们建立与国际接轨、符合人才流动规律、科学合理的引才引智法规制度体系提供了科学指导，为团结、凝聚更多优秀外国人才助力中国现代化建设明确了努力方向。要实行更加积极的人才政策，树立全球视野和战略眼光，顺应经济全球化和人才国际化的发展趋势，充分开发利用国内国际人才资源，主动参与国际人才竞争，更加积极主动地引进外国高精尖人才，让中国成为世界各类优秀人才施展才华、创业发展的热土。要实行更加开放的人才政策，不唯地域引进人才，不求所有开发人才，不拘一格用好人才，营造尊重、关心、支持外国人才创新创业的良好氛围，让各类人才各得其所，让各路高贤大展其长。要实行更加有效的人才政策，加快推进引才引智体制改革和政策创新，强化政府政策引导和管理服务职能，保障和落实用人单位自主权，不断增强引才引智工作的生机和活力。

四、推动引进国外人才和智力体制机制改革

积极培育参与国际人才竞争与合作的新优势，进一步完善健全外国人才引进机制，特别是国外人才和智力资源供给、发现评价、使用激励、绩效评估和分配激励机制。整合外国人才管理职责和公共资源，推动建立权责统一、运转高效、法治保障的外国专家工作管理体制。创新管理方式，加强宏观管理，强化服务保障，充分发挥市场主体在引进国外人才和智力中的决定性作用，更好地发挥政府的作用。健全政府、用人主体和社会多元化投入机制，支持引导企业、用人主体和社会有关方面加大引进人才投入。

（一）要着力破解人才工作的体制机制障碍

在此方面，人社部有很多工作需要抓好落实。一是健全市场配置机制，充分发挥市场需求导向作用、市场配置决定性作用和用人单位主体作用，面向国内外两个人才市场、两类人才主体，加快发展人力资源服务业，发展专业化、国际化人才市场，鼓励我国人力资源服务机构参与国际人才竞争合作；进一步提高用人单位在培养、引进、使用、激励中的自主权，推动落实引进人才可担任高校、科研院所、央企、国有商业金融机构中级以上领导职务的政策措施；配合中组部编制急需紧缺人才引进目录工作，编制外国人在中国工作指导目录，加强人才市场供需监测，为人才引进工作提供指引。二是健全鼓励创新创造的分配激励机制，会同有关部门稳妥推进人才股权期权激励政策，推动知识、技术、管理、技能等生产要素按贡献参与分配，积极支持中关村等国家自主创新示范区人才激励政策的推广，配合制定项目评审、经费申请等人才支持政策，

加大对海外优秀高层次人才的宣传表彰。三是健全完善工作机制，发挥党管人才集中力量办大事的政治优势，积极配合中组部做好中央海外高层次人才引进工作小组相关工作，重大引才政策提交中央人才工作协调小组审议，认真完成好组织交办的各项任务；不断完善国务院留学人员回国服务工作部际联席会议机制，发挥人社部在政策制定、队伍建设、人才服务方面的优势，加强配合，形成合力，共同做好海外人才引进工作；坚持高端引领，大力加强国外高端人才和智力引进工作力度，立足国家重大战略和经济社会发展需求，深入推进“外专千人计划”、高端外国专家项目、大科学工程引智计划、高等学校学科创新引智计划等重大引智工程，大力引进国外科技创新领军人才和急需紧缺专门人才；树立“不求所有、但求所用”的柔性引才观念，鼓励国外各行业、各领域优秀人才以多种方式为我国经济社会发展服务。

（二）加快改革外国人才使用机制

我们应有序推进国家科研任务向外国人才开放，放宽参与条件；完善收入分配和产权激励制度，健全外国人才创新创业利益回报机制；完善知识产权收益分配制度，依法保护外国人才享有知识产权收益；逐步建立以政府奖励为导向、用人单位奖励为主体、社会力量奖励为补充的分层次多样化外国人才奖励体系；积极发挥外国人才民间交流大使和文化传播使者作用，鼓励外国人才参与智库建设。

（三）深化外国人才引进体制机制改革

深化体制机制改革，是引进外国人才和智力工作发展的根本动力。面对国际竞争新形势、对外开放新任务、经济发展新要求，我们要瞄准让外国人才“来得了、待得住、用得好、流得动”的体制机制改革目标，加快建立科学的人才评价机制、畅通人才流动机制、强化创新创业激励，为外国人才发挥作用、施展才能提供更加广阔的天地，努力实现人尽其才、才尽其用、用有所成。

加快职能转变，充分发挥外国专家主管部门的作用。充分发挥市场配置人才资源的决定性作用，健全国际人才市场体系，激发用人单位、中介组织、外国人才等各类市场主体的活力，实现人才资源的高效配置。加快行政审批制度改革，更好地发挥外国专家主管部门在规划制定、政策引导、示范推广、监督检查等宏观管理方面的作用，规范审批事项，优化审批流程，创新管理方式，强化服务保障，为国外各类优秀人才创造更好的工作生活条件。

实施更加开放的人才政策，完善外国人才引进体制机制。推动建立权责统一、运转高效、法治保障的外国专家工作管理体制，加强宏观管理和统筹协调，明确各管理部门的职责，强化部门间的协调。发挥企业、高校、科研院所的作用，为外国专家和人才干事创业、施展才华、实现梦想创造更大舞台。将保护知识产权与表彰奖励结合起来，激发外国专家创造活力。建立国外人才和在华工作专家信息网和数据库，完善国外人才和智力资源供给、发现评价、使用激励、绩效评估和人才分配激励机制。

要拓展改革广度和深度。随着经济全球化深入发展，国际人才资源竞争日益激烈。我国各项改革已进入攻坚期和深水区，加强与世界各国交流互鉴，改革创新引进用好外国人才体制机制和管理服务体系，已成为推动全面深化改革、提升政府服务效能的内在要求和重要体现。我们必须进一步解放重要论述，加大改革创新力度，支持鼓励各地区各部门积极探索、大胆实践，充分发挥市场机制作用，促进资源高效配置，激发外国人才创新创业活力。

完善高层次人才服务机制。积极开展外国高层次人才服务“一卡通”试点工作，在金融、通讯、交通、保险方面，为持卡人提供更加便利的社会服务。依托社会公共服务体系，设立专门服务窗口，为外国人才及其配偶、未成年子女落实待遇等提供一站式高效便捷服务，逐步健全外国人才管理服务保障政策。推进外国人在中国工作管理条例制定工作，完善外国人才来华工作管理制度，为外国人才来华工作、出入境提供便利。进一步完善外国人从工作居留向永久居留转换机制，依法保障外国人才合法权益。加快培育信息化、产业化的国际人才服务市场体系，多形式多渠道帮助外国人才更好地融入中国社会。

（四）大力营造外国人才创新创业良好氛围

积极宣传党和国家引进外国人才的方针，宣传我国更加开放的创新人才引进政策，诠释平等合作、互利共赢、共同发展理念，不断增强我国人才制度影响力、感召力，努力将更多优秀外国人才集聚到党和人民的伟大奋斗中来。

营造外国人才创新创业环境。环境育人、化人，也留人、成就人。外国人才作为国际流动资源和国际竞争对象，对环境的感知度、认同度更加敏锐。这就要求引进外国人才工作，必须营造有利于人才成长的社会环境、有利于人才创新创业的工作环境、有利于拴心留人的生活环境、有利于引才聚才的政策环境，以良好的社会环境、工作环境、生活环境、政策环境，使外国人才创业有机会、干事有平台、发展有空间，形成近者悦、远者来的人才发展生态，把各方面人才集聚到党和国家的伟大奋斗中来。

营造良好氛围，有效运用传统媒体和新媒体，大力宣传党和国家引才引智工作方针，宣传我国更加积极、更加开放、更加有效的人才政策，加强对外诠释平等合作、互利共赢、共同发展的理念。充分发挥外国人才作用，提高讲好中国故事、传播中国声音的整体效应，增强我国人才制度的国际感召力、影响力，营造吸引外国人才来华创新创业的良好氛围。

五、健全完善更加优质的海外人才服务保障体系

人才工作的对象是人，本质是服务。要增强服务意识，为海外人才回国工作、为国服务创造良好环境。人社部所有工作涉及人，大部分工作涉及民生，具有综合性、全链条的服务优势。我们要充分发挥这种服务优势，千方百计做好人才服务工作。一是健全服务组织。汇聚“千人计划”服务窗口、留学人员服务中心、工作站、创业园，贯通各类人力资源服务机构和引进海外人才服务机构，统筹为留学回国人才、回国（来华）专家等各类海外高层次人才提供服务，建立“一口受理”“一站式”服务机制，逐步形成政府主导、社会参与、相互配合、上下互动的海外人才公共服务体系。二是创新服务方式。发挥好中国留学人员回国服务联盟、留学人员创业专家指导委员会作用，开展政策宣讲、企业推介、就业创业、融入培训、项目对接等服务活动。大力加强信息化建设，建立登记、查询、网上办理一体化的信息服务平台，加强中国留学人才信息网和专家信息库建设力度，探索开展大数据、微信等现代化信息服务。支持地方举办好各类海内外人才科技项目交流活动。[①] 三是提升服务水平。从事海外人才服务的机构和工作人员，要紧扣“服务”主题，践行党的群众路线，不断加强作风建设和能力建设，努力为人才做好优质高效的服务工作。

人才工作责任重大，使命光荣。当前和今后一个时期，我们要把学习贯彻党中央重要指示精神作为做好人才工作的首要政治任务，把重要论述和行动统一到中央的要求上来。要进一步树立责任意识，勇于担当，以奋发有为和“钉钉子”的精神，完成好中央交给我们的人才工作任务。要树立改革精神，突出问题导向，抓住关键问题，扫除体制机制障碍，破解人才发展难题。要树立创新思维，善于打破思维定式，敢于突破常规，根据新形势、新变化创造性地提出解决问题的思路和办法。要树立法治意识，履行好法定职责，及时总结成熟做法和基层实践，上升为相关人才法律法规，推进人才工作法治化建设。要树立辩证思维，坚持发展地而不是静止地、全面地而不是片面地、系统地而不是零散地、普遍地而不是单一地研究部署人才工作，不断增强人才工作的系统性、整体性和协同性，不断提高人才工作的科学化水平，为实施创新驱动发展战略和全面建成小康社会提供人才支撑。

---

① 龙登高. 跨越市场的障碍：海外华商在国家、制度与文化之间 [M]. 北京：科学出版社，2017.

突出“高精尖缺”导向，大力引进高端紧缺人才。引进外国人才必须坚持围绕中心，牢牢把握主攻方向，以平台创新和政策创新为动力，更大力度地引进“高精尖缺”人才，推动引进人才规模结构、质量效益与国家经济建设、政治建设、文化建设、社会建设和生态建设深度融合。一是更加聚焦国家战略。紧紧围绕实施“七大战略”，瞄准国家装备制造、集成电路、新材料、大数据、大飞机等国家科技创新发展方向，梳理重点支持领域，建立重点支持清单，提升引才精准度，努力做到引才引智与国家战略实施、改革开放大局有机融合、相互促进。二是积极推进项目平台创新。突出“高精尖缺”导向，充分发挥国家级项目的引领示范作用，做强做实重点项目，做深做精特殊项目，形成全方位、宽领域、多形式的项目资助体系，打造更具影响力的引才聚才平台。三是持续推进政策创新。突出成果导向，建立完善外国人才工作评价机制。高质量建设国家引才引智示范基地，打造人才集聚平台、政策创新平台和成果培育推广平台。积极完善“三库”资源查询系统，有效利用外国人才、引智项目和成果资源。

强化监督管理，大力提升出国（境）培训质量效益。作为我国引才引智工作的重要组成部分，出国（境）培训已从单纯向国（境）外学习逐步转变为中外双向互学互鉴，成为推动中外人文交流、实现合作共赢的重要途径。要着重围绕规划引导、监督管理和成果共享抓落实抓深化。一是加强总体规划，将培训总体规划与实施国家战略、调整产业布局结合起来，加强中期规划和项目建设，进一步提高中长期培训项目比重，继续大力实施重点培训专项，更好地服务于国家和地方经济社会改革发展大局。二是严格制度管理，完善培训计划审批管理的工作标准和工作流程，规范行政审批权力运行。加强团组境外活动监督管理，强化境外培训活动动态监管，完善培训效果和培训质量监督评估。三是推进成果共享，深化与境外高层次专业培训机构合作，拓展境外优质教育培训资源。建设精品课程资源库，搭建境内需求与境外资源信息交流平台。建立培训成果发现、评价、共享机制，推进成果共享，扩大成果受益面。

第三节　引进和用好海外人才的战略价值

高度重视引进外国人才和智力工作，高度重视外国人才在推动不同文明相互尊重、世界各国人民相互理解中的作用，创立了聚天下英才而用之战略重要论述。这一战略重要论述是一个内涵丰富、系统完整、重要论述深刻的理论体系，深刻阐明了新时代引进外国人才和智力工作的重大理论和实践问题，科学回答了为什么要引进外国人才、引进什么样的外国人才、如何引进外国人才等重大问题，明确了新时代引进外国人才和智力工作的价值定位、战略目标、战略对象、战略途径，为我们进一步引进推进外国人才和智力工作改革创新提供了科学指导和根本遵循。

要从治国理政的高度，把引进国外人才和智力工作放到实现“两个一百年”奋斗目标、实现中华民族伟大复兴中国梦的大局中去思考、去谋划、去推进、去落实，对于做好新形势下引进国外人才和智力工作具有重大的指导意义，标志着我国引进国外人才和智力工作进入一个新的历史阶段。新中国成立之初，在确立尽快恢复国民经济发展和加快建设社会主义的主要任务后，针对当时一穷二白、百废待兴的局面，党中央提出向国外学习的战略方针，积极向苏联和东欧引进先进设备、技术和专家，开辟了新中国引进国外人才和智力工作的新纪元，有力地推进了我国工业化和社会主义建设的历史进程。

党的十八大总结回顾了我国引进国外人才和智力的伟大历程，全面、系统、完整、深刻地阐述了现阶段我国引进国外人才和智力工作的重大理论和现实问题，显示了理论逻辑、历史逻辑和实践逻辑的高度统一。首先，提高了对引进国外人才和智力工作重大意义的认识。习近平总书记从党和国家事业发展全局的战略高度，深刻分析加大引进国外人才和智力的重要性和紧迫性，揭示了引进国外人才智力在推动我国社会文明进步和现代化建设中不可替代的作用。引进国外人才和智力是中国对外开放的重要组成部分，是我们长期坚持的重要战略方针。其次，明确了引进国外人才和智力工作科学发展的正确方向，对于我们深入贯彻落实党的十八大和十八届三中全会精神，自觉增强引进国外人才和智力服务党和国家中心工作的责任感和使命感，厘清引进国外人才和智力工作的功能定位，进一步明确方向目标、重点任务和基本遵循，确保引进国外人才和智力工作沿着正确方向发展具有重要意义。最后，明确了引进国外人才和智力工作改革创新的要求，指出要认真梳理当前的引进人才计划和政策，找出吸引力和短板，要求我们不可故步自封，要遵循国际人才流动规律，借鉴国外有益经验，总结国内成功做法，不断深化改革，创新体制机制，进一步释放活力，尽快形成具有国际竞争力的人才制度优势。

“择天下英才而用之”的人才工作根本要求。中华民族历来具有尚贤爱才的优良传统，中国传统文化历来重视用人。当今世界，聚才用才应该包括国内国际两个方面。一个国家、一个地方没有这样的眼光，没有这样的胸怀，是难以快速发展起来的。要积极引进海外优秀人才，制定更加积极的国际人才引进计划，吸引更多海外创新人才到我国工作。这些论述明确表达了新一届中央领导集体的人才观，再次宣示中国政府重视引进国外人才的决心。我们必须进一步增强做好引才引智工作的政治责任感和历史使命感，以更加积极的姿态参与国际人才竞争，不拘一格广纳天下英才。

“中国将实施更加开放的人才政策”的人才工作基本方针。要实行更加开放的人才政策，不唯地域引进人才，不求所有开发人才，不拘一格用好人才，在大力培养国内创新人才的同时，更加积极主动地引进国外人才特别是国外高层次人才。外国专家主管部门要继续完善外国人才引进体制机制，切实保护知识产权，保障外国人才合法权益，对做出突出贡献的外国人才给予表彰奖励，让有志于来华发展的外国人才“来得了、待得住、用得好、流得动”。这些论述进一步明确了引进国外人才和智力工作的基本方针。我们必须以更宽的视野、更广的胸怀、更大的气魄，不断加强制度创新，不断优化引才环境，不断提升人才吸引力，大力引进国外优秀人才。

“我们比历史上任何时候都需要广开进贤之路，广纳天下英才”的人才工作科学论断。全面建成小康社会，实现中华民族伟大复兴的中国梦，需要人才，呼唤人才，造就人才。当前中国经济依靠投资驱动、规模扩张、出口导向的发展空间已越来越小，必须更多依靠科技创新引领和支撑经济发展和社会进步，更加积极、更加主动、更加开放地引进国外人才特别是高层次创新创业人才。这些论述再次强调了当前引进国外人才和智力工作的重要性和紧迫性。我们必须进一步增强责任感和紧迫感，更加积极地做好引进国外人才和智力工作，更好地为经济社会发展做出新贡献。

“中国要永远做一个学习大国”的重要论述。我们的事业是向世界开放学习的事业，关起门来搞建设不可能成功，我们要坚持对外开放的基本国策不动摇，不封闭、不僵化，打开大门搞建设、办事业。不拒众流，方为江海。中国要永远做一个学习大国，不论发展到什么水平都虚心向世界各国人民学习，以更加开放包容的姿态，加强同世界各国的互容、互鉴、互通，不断把对外开放提高到新水平。文明交流互鉴，首先是人的交流互鉴。这种交流有利于推动不同文明相互尊重，推动世界各国人民相互理解。这些重要论述为把引进国外人才和智力工作作为长期战略奠定了坚实的理论基础。要永远做一个学习大国，就必须把引进国外人才和智力工作作为我国现代化建设必须长期坚持的重要战略方针，始终坚持学习借鉴国外一切优秀文明成果。

一个国家对外开放，必须推进人的对外开放，特别是人才的对外开放。人的对外开放，对推进一个国家对外开放具有基础性作用。加强国际人才交流合作，有利于我们积极借鉴世界各国优秀文明成果，也有助于推动中华文明创造性转化和创新性发展。我们将积极营造尊重、关心、支持外国人才创新创业的良好氛围，充分信任、放手使用外国人才，让各类人才各得其所，让各路高贤大展其长。这些论述科学阐释了加强国际人才交流合作，实施引进国外人才和智力战略的重大意义。要贯彻实施好引才引智这一长期坚持的重要国家战略，我们必须增强开拓创新与服务意识，完善政策和服务体系，使外国专家工作生活更舒心、更安心，使中国成为外国人才创新创业的理想之地。

第四章　实施创新驱动发展战略

科技兴则民族兴，科技强则国家强。未来，我们要实施创新驱动发展战略，实现中华民族伟大复兴的中国梦。

第一节　实施创新驱动发展战略的时代背景

近年来，在国家深入实施创新驱动发展战略的推动下，中国科技事业密集发力、加速跨越，科技创新工作成绩斐然、硕果累累，对党和国家的事业发展起到了重要的支撑和引领作用。与此同时，我们也必须清醒地看到，我国科技创新领域仍存在一些薄弱环节。

第一，科技创新面临的形势逼人。当前，我国科技领域仍然存在一些亟待解决的突出问题，主要体现在以下几个方面。

基础科学研究短板依然突出。强大的基础科学研究是建设世界科技强国的基石。然而，与发达国家相比，我国基础科学研究投入不足、结构不合理等问题相对明显。例如，数学、物理学等基础学科依旧薄弱，科学理论、原创重要论述等方面成果较少，尤其是缺乏能够心无旁骛、持之以恒在基础理论领域方面深耕的人才队伍。

科技管理体制仍需不断完善。科技管理体制是影响国家创新体系建设、科技资源分布、科技成果评估等众多领域的关键因素。目前，我国科技管理体制仍有待优化。比如，科研经费管理过细过死，报表和审批缺乏灵活性，给正常科研活动造成延误；科研经费投入过分注重应用研究，对基础研究的成果考核缺乏长远眼光；科研项目多头管理，统筹力度不够，政府、企业、专家分工不明，行政命令过度干预具体科研工作，影响了科技创新效率。

科技人才发展工作机制还需不断健全。比如，顶尖基础研究人才和团队比较匮乏；全社会对鼓励、包容科技创新人才的支持力度不够；科研人才使用方面，论资排辈现象比较突出，重资历，轻能力，照顾平衡的多，而破格提拔优秀人才的少。当前，形势不容许我们在科技创新发展方面有丝毫的犹豫，我们必须要直面问题、迎难而上才能在科技创新方面把握大势、抢占先机。

第二，科技创新遭遇的挑战逼人。物联网、大数据、云计算、区块链、人工智能等高新技术产业正在加速突破应用，重构全球创新版图，重塑全球经济结构。数据显示，2016 年中国进口芯片金额高达 2300 亿美元，花费几乎是排在第二位的原油进口金额的两倍。尤其值得关注的是，2018 年美国商务部对中兴通讯实施精准打击，禁止美国企业向中兴通讯销售元器件，让“缺芯少魂”的问题再次严峻地摆在国人面前。

因此，当前科技创新遭遇的挑战不容乐观，应对这些挑战，除了要靠我们正确的对外政策外，更主要的还要靠我们国家自身的综合实力，而国家综合实力中最为重要的还是科学技术发展能力和创新能力。唯有通过科技创新发展核心技术，才是有效应对各种外部挑战的强国之道。

第三，科技创新担负的使命逼人。中国要强盛、要复兴，就一定要大力发展科学技术，努力成为世界主要科学中心和创新高地。当前，实现中华民族伟大复兴对科技强国战略支撑的需求比以往任何时期都更加迫切。然而，同建设世界科技强国的目标相比，我国依然面临关键领域核心技术受制于人的局面，科技基础仍然薄弱，科技创新能力特别是原创能力与发达国家还有很大差距。科技实力决定国家实力，科技安全保障国家安全。进军世界科技强国的时代使命已在肩上，广大科技工作者应当责无旁贷，全力投身创新实践，勇攀科技发展高峰。

实施创新驱动发展战略需把握好以下几个相关概念。

（1）科技创新。进行科技创新，首先要深刻认识创新的价值。“创新”一词，是美国经济学家熊彼特 1912 年在《经济发展理论》一书中首先提及的，他指出创新是企业家对生产要素实行的新的结合。历史也多次证明，创新是推动人类文明进步的重要动力，科技的每一次重大创新都会引发生产力的巨大变革，深刻改变着世界格局。科技创新也已成为新时代经济增长的主要引擎，是引领和驱动社会发展的重要力量。当下科技革命驱动经济社会新发展，富民强国，创新处于核心地位。“创新是引领发展的第一动力”“呼唤更多供给侧结构性改革的创新”……各行各业已经发出对创新的热切呼唤。

（2）创新型人才。科技创新的力量来源于创新型人才。有人提出，“人才，就是指为社会发展和人类进步进行了创造性劳动，在某一领域、行业，或某一工作上做出较大贡献的人”。可见，创新型人才是具备创新意识、思维和才能，是擅长发现、剖析和处理新问题的人才。

（3）科技创新地位。科技兴则民族兴，科技强则国家强。坚持科技创新，首先要充分认识科技创新的重大意义。综观国际大势，大国之间的竞争，本质上是生产力之争，其核心是科技创新能力之争。当今世界正处于新一轮科技革命和产业变革孕育兴起时期，以大数据、互联网、物联网、人工智能等为代表的新一轮信息技术不断突破，深刻影响着人类的生产生活及思维方式的变革，新产业、新能源、新技术等将成为影响经济增长的关键因素。

（4）科技创新道路。坚持科技创新，必须走一条符合本国国情的科技创新之路。党的十八大报告强调，中国的科技创新必须坚定不移地走自主创新的道路，指明了科技创新的必然路径。中国走自主创新道路主要有以下两方面优势：一是充分发挥我国的制度优势；二是坚持自力更生是我党的优良传统。科技创新的本质要求是自主创新，自主创新离不开自力更生。

（5）科技创新体制。对于如何深化科技体制改革，一是建立以企业为主体、市场为导向、产学研深度融合的技术创新体系。二是处理好政府和市场的关系。三是消除科技创新中的“孤岛现象”。四是营造良好的政策环境。

（6）科技创新战略。关于如何实施创新驱动发展战略，首先，创新驱动必须处理好“一对关系”，即处理好创新和就业的关系。其次，要正确认识创新驱动面临着“双重任务”：一方面，我们要跟踪全球科技发展方向，努力赶超，力争缩小关键领域差距，形成比较优势；另一方面，我们要坚定问题导向，通过创新突破制约我国发展的瓶颈。最后，创新驱动要完成“三级跳”。

（7）科技创新主体。人是科技创新最关键的因素。要坚持一切从实际出发，具体问题具体分析。面对科技创新人才培养与实践脱节的现象，以及科技创新人才发展的配套措施不够完善的问题，关键是要坚持党管人才原则，统筹加强各类高层次人才队伍建设，进一步破除阻碍人才发展的体制机制障碍；要进一步继续深化教育改革，推进素质教育，创新教育方法，提高人才培养质量，努力形成有利于创新人才成长的育人环境。

（8）科技创新目的。科技创新的目的是使科技成果更充分地惠及人民群众。要坚持以人民为中心的发展重要论述，表明了科技创新应该是为人民群众服务的，要积极引导科技创新的价值导向，发挥其在国家、社会和人民中的正面作用，使科技成果更充分地惠及人民群众。

（9）科技创新目标。建设科技强国，是立足科技创新发展实际做出的目标选择，体现了党中央的道路自信和使命担当，是实现“两个一百年”奋斗目标的关键一环，是实现中华民族伟大复兴中国梦的重要一步。

第二节　创新驱动发展战略的丰富内涵

一、准确把握创新驱动发展战略的定位与目标

一是必须把科技创新摆在国家发展全局的核心位置。科技兴则民族兴，科技强则国家强。创新驱动发展战略关系我国经济社会发展全局，只有从这样的高度来认识，才能最大限度地增强推进科技创新发展的自觉性和能动性，将科技创新的成果转化为巨大的现实生产力。

二是必须把建设世界科技强国作为科技创新的奋斗目标。党的十九大把加快建设创新型国家作为现代化建设的一项战略举措，提出：到 2020 年，我国要进入创新型国家行列；到 2030 年进入创新型国家前列；到新中国成立 100 年时成为世界科技强国。这是我国科技创新“三步走”战略目标。建设世界科技强国，是新时代科技创新重要论述的落脚点，我们要从实现中华民族伟大复兴的战略高度，充分认识建设世界科技强国的重大现实意义和深远历史意义，以只争朝夕的精神推进科技创新，为实现“两个一百年”奋斗目标添砖加瓦。

三是必须把自主创新作为科技创新的必由之路。实践告诉我们，发展科学技术必须依靠自己的力量，自主创新是攀登世界科技高峰的必由之路。坚定不移地走中国特色自主创新道路，是新时代科技创新重要论述的重要观点。必须增强创新自信，把创新的主动权、发展的主动权牢牢掌握在自己手中。当然，自主创新并不是故步自封，它是开放思维下的创新，必须融入全球创新网络，在更高起点上推进科技创新。

二、准确把握创新驱动发展战略的部署与任务

一是抓住重大机遇。党的十一届三中全会以来，我们抓住了历史的机遇，国家和民族才得以大踏步赶了上来。当前，新一轮科技革命和产业变革与我国加快转变经济发展方式的重要实践迎来了历史性的交汇，这是推动科技创新、实施创新驱动发展战略的重大机遇。

二是实施重大战略。当前，我国部分产业仍处于全球价值链的中低端，一

些关键核心技术仍受制于人。例如，农业方面，我们的畜禽核心种源80%依赖国外进口，蔬菜等园艺作物优异种子资源缺乏，自主选育的高端设施蔬菜品种较少。在这种情况下，我们必须坚决贯彻“非对称”赶超战略，按照“主动跟进、精心选择、有所为有所不为”的方针，明确主攻方向与突破口，在科技创新、条件建设、协同创新等“卡脖子的地方”下大功夫，努力打造后发优势，实现弯道超车。

三是明确重大部署。实现“两个一百年”奋斗目标，实现中华民族伟大复兴的中国梦，必须坚持走中国特色自主创新道路，面向世界科技前沿，面向经济主战场，面向国家重大需求，加快各领域科技创新，掌握全球科技竞争先机。坚持面向世界科技前沿，要求我们夯实科技基础，在重要科技领域努力跻身世界前列。坚持面向经济主战场，要求我们加强科技供给，加快培育经济发展新动能。坚持面向国家重大需求，要求我们强化国家战略导向，更好地服务于国家创新发展大局。把“三个面向”落到实处，科技才能真正成为国家赖之以强、企业赖之以赢的国之利器。

三、准确把握创新驱动发展战略的实施办法

一是深化科技体制改革。多年来，我国一直存在着科技成果向现实生产力转化不力、不顺、不畅的痼疾，其中一个重要症结就在于科技创新链条上存在着诸多体制机制关卡，创新和转化各个环节衔接不够紧密。要解决这个问题，就必须深化科技体制改革，破除一切制约科技创新的重要论述障碍和体制藩篱，处理好政府与市场的关系，推动科技和经济社会发展深度融合，打通从科技强到产业强、经济强、国家强的通路。这就要求我们将科技创新作为产业和经济发展的新引擎，打造国家发展的原动力；把科技强作为国家强的前提和基础，把国家强作为科技强的终极目标，推动形成科技强、产业强、经济强、国家强的良性循环和螺旋式上升，使国家强成为科技创新的根本价值导向。

二是把住和用好人才这个第一资源。创新驱动归根到底是人才驱动，谁拥有一流的创新人才，谁就拥有了科技创新的优势和主导权，我们要努力在创新实践中发现人才、在创新活动中培育人才、在创新事业中凝聚人才。要特别注重培养造就一大批十九大报告提到的具有国际水平的战略科技人才、科技领军人才、青年科技人才和高水平创新团队。要加强知识产权保护，提高科研人员成果转化收益分享比例，探索对创新人才实行股权、期权、分红等激励措施，体现对知识价值的认可。

三是把握改革这个创新动力。经过多年的改革创新，我国的科技体制改革

已经取得了重大进展，但有些发展难题尚未取得突破。比如，科技资源配置碎片化和行政化问题突出，企业技术创新主体地位没有真正确立，产学研结合不够紧密，科技与经济融合问题没有从根本上得到解决，自主创新能力特别是原创力不强等。发挥我国社会主义制度能够集中力量办大事优势的关键是要处理好政府与市场的关系。在市场作用和政府作用的问题上，要讲辩证法、两点论，“看不见的手”和“看得见的手”都要用好，发挥社会主义市场经济加速科技创新的体制优势，努力形成市场作用和政府作用相互补充、相互协调、相互促进的格局，推动科技创新持续健康发展。

四、营造创新驱动发展战略的人才环境

我国十分重视把人才资源开发放在科技创新的优先位置。人是科技创新最关键的因素，创新驱动的实质就是人才驱动。科技创新，关键在人。不可否认，实现科技创新，人才越多越好，本事越大越好。因此，要重视营造人才发挥作用、施展才华的良好环境，要“加快形成有利于人才成长的培养机制、有利于人尽其才的使用机制、有利于竞相成长各展其能的激励机制、有利于各类人才脱颖而出的竞争机制，培植好人才成长的沃土，让人才根系更加发达，一茬接一茬茁壮成长”。此外，对于已经成长起来的科技人才，要改变片面将论文、专利、资金数量作为人才评价标准的做法，不能让繁文缛节把科学家的手脚捆死了，不能让无穷的报表和审批把科学家的精力耽误了，要让领衔科技专家有职有权，有更大的技术路线决策权、更大的经费支配权、更大的资源调动权，防止瞎指挥、乱指挥。

第三节 实施创新驱动发展战略的重大意义及重点问题

十九大报告重点强调科技创新。中华民族正处在从站起来、富起来到强起来的历史性时刻，实施创新驱动发展战略具有重大意义。

一、实施创新驱动发展战略的重大意义

（一）创新是引领发展的第一动力

人类发展的历史，就是创新发展的历史。创新是推动一个国家、民族从独立走向富强的重要力量。过去，我们在生产要素方面具有相对优势；现在，引领发展的要素有了根本性的变化。创新成为引领发展的第一动力。因此必须紧紧把握科技发展的趋势，适应当前中国经济发展的新形势，推动创新发展。中

国发挥创新引领发展的第一动力的作用主要体现在以下几个方面。首先，要发现和培育新的增长点。新的增长点是把握经济发展方向的关键。一是市场要活，充分发挥市场的作用，积极在市场中培育新的增长点；二是创新要实，就是创新发展要落到实处，依靠产业化的创新方式培育创新发展环境。其次，要发挥创新发展动力作用。最后，要坚持创新驱动，促进科研成果的转化应用。

在新的时代条件下，要认识到科技创新的重大意义，促进社会发展各个方面的提高，为人民美好生活的满足提供便利。

要加快推动以科技创新发展为核心的全面创新，充分发挥企业、市场等在科技进步中的作用。中国当今的发展是有质量、有效益和可持续的发展，要坚持发挥科技在建设社会主义现代化强国中的作用。实施创新驱动发展战略，就必然坚持科技创新，培育有利于创新发展的氛围，增强我国社会发展的动力。我们也要充分认识到当前实施创新驱动发展战略面临的问题。首先必须紧跟时代，走在时代发展的最前沿，不断地缩小与发达国家之间的差距，重点培育具有优势的科技项目。其次是要根据问题来做创新，坚持问题导向。最后是当前科技发展面临着创新和就业的冲突。因此，创新发展不仅是一个必须长期坚持的理念，也是一个必须重点突破的理念。在新的时代条件下，必须抓紧世界发展的重大趋向，积极培育科技发展新的增长点，大力实施创新驱动发展战略。

中国作为一个世界大国，需要全方位地加紧与其他国家的合作交流，积极参与全球网络建构，同世界各国人民一起迎接机遇，面对挑战。在加强合作中利用创新发展塑造经济发展新体系，培育出世界上公认的好产品、好技术，构建人类命运共同体。

科技创新作为引领发展的第一动力，是推动国家创新发展、经济社会全面进步的有力支撑，其必然也是提高社会生产能力和综合国力的重要力量。当前，国家处于全面建成小康社会的关键时期，是关乎人民利益的重要阶段。这就需要大力发展科技创新，保障国家发展的重要战略支撑，为实现国家发展目标做出贡献。科技发展不仅是一个哲学问题，还是一个实实在在的现实问题。国家强盛、民族振兴就要靠科技的强大作用。过去，中华民族依靠科技创新实现了站起来、富起来；今天，我们仍然要依靠科技创新使中华民族在世界上强起来。

在科技发展的重要时期，科技创新拥有难得的机遇。因此，国家必须紧紧把握住科技发展的大势，把创新发展摆在国家发展的核心位置。没有科技的发展，生产力就没办法提高，经济发展就会缓慢，社会进步将难以进行。因此，要紧紧把握住科技发展的重要作用，充分发挥其提高社会生产力和综合国力的战略支撑作用。

（二）科技创新能够促进国家发展

1. 促进经济发展

随着社会经济的不断发展，未来的几十年里，我们所拥有的资源已不足以支撑我们正常的生产生活需要，中国未来的发展不能仅仅凭借传统的劳动力和资源以及不可再生能源的驱动，而是需要大力发展创新科技，实现创新科技驱动社会经济发展和产业体制改革。科技创新必须经得起市场的考验，带动经济发展，不能纸上谈兵。坚决实施创新驱动发展战略，对我国未来可持续发展以及形成新的国际竞争优势具有非常巨大的战略意义。改革开放多年来，我国经济发展速度十分迅猛，经济总额涨幅也在不断提高，这与我国劳动力成本低廉以及资源环境低成本有直接的关系。进入 21 世纪之后，我国的这种低成本优势与发达国家相比逐渐消失，原因在于国外技术创新在简化生产工艺流程的同时还提高了工作效率，这种科技创新的优势在于持续时间长，压缩了成本，且不易模仿，这也使得我国的低成本优势逐渐消失。这种科技创新的发展模式值得我们学习和深省。加快实施创新驱动发展战略的步伐，促进由传统低成本优势向科技创新优势的转变，为我国未来可持续发展提供强大的动力支撑。

创新科技驱动发展战略的实施，可以为我国未来社会经济发展提供强有力的技术支持，加速提高经济增势，加速社会经济体制改革，让科技成果替代不可再生能源，对于我国未来经济发展与转型来说就有实质上的现实意义。不仅如此，积极推动科技创新，对于社会经济发展而言还具有乘数效应，科技创新不仅能够直接转变为现实生产力，而且能通过科技渗透带动和放大其他各大生产要素的作用，节约成本，提升效率，提高产业综合实力和竞争力，从而带动提升社会整体生产力水平，进一步提升经济效益。实施创新驱动发展战略，可以全面推进我国经济体制改革，促进经济增长，提升我国经济增长的质量。实施创新驱动发展战略，大力开发可再生能源，降低资源能源消耗，改善生态环境，节约生产成本，对于环境保护、建设美丽中国具有长远意义。实施创新驱动发展战略，加快产业体制改革，让科技创新技术与传统产业技术相融合，压缩生产成本，提高企业核心竞争力，降低消耗和损耗，节能减排，减少污染，让传统企业逐渐成为新时代人性化的绿色环保型企业。

经过多年的不懈努力，我国的科技创新发展战略已逐步接近世界顶尖水平，研发水平已逐渐成熟，现阶段我国已告别了过去无顶尖技术、无高水平人才的境地，自主研发、自给自足已开始引领我国科技发展的新浪潮。科技创新可推动我国经济体制转型升级，从而在生产环节方面提升我国的国际分工地位，并逐渐上升到一个新的高度，在掌握并发挥核心领域优势的同时，努力开发其他领域，培养高尖端人才，努力让我国在更多领域核心技术方面走在世界的前列，占据主导地位，在科技成果领跑全球的同时，提升我国的综合实力和国际竞争力。从世界经济的发展方向以及我国现阶段的基本国情方面来看，只有发挥科技创新的优势，才能让我国经济发展走在世界前列，才能在未来世界经济结构调整之际占据制高点，才能从根本上改善我国的产业结构，实现中高端水平的发展。新一轮科技革命和产业变革即将到来，我国正在高速发展创新科技，在这一轮浪潮到来之前，我们要加速推进高新技术产业发展，在实现以高尖端技术为产业支点的同时巩固产业链条，从而更好地去应对未来国际市场的竞争。如果不能在一些关键领域掌握核心科学技术，我们将会处处被动，最终退出高尖端国际市场。

2. 提高国际地位

毋庸置疑，当今世界的主题是和平与发展，时代潮流也由工业革命转变为合作共赢和世界经济一体化，国际科技合作的焦点也由个别国家的问题转为全球性的问题和挑战。随着世界经济与科技的迅猛发展，科技信息全球化也加速了知识和技术创新的发展进程，科技发展已由过去的专攻一点发展为多点突破、交叉汇聚的形式，相互协作、取长补短已成为当下世界各国科技发展的基本理念和提升国家综合国力的重要途径。

科技创新国际化的到来让世界各国都在这一潮流中实现了互惠和双赢，世界各国都可在全球范围内寻求到有利于本国发展的创新资源，一个国家难以攻克的科研难题现如今可通过联合世界各国的科技优势来共同突破，这样不仅可以提高本国的综合实力，而且有利于参与到全球科技合作和竞争当中，真正实现互惠互利、共同发展，在本质上提高自身的科技创新能力和核心竞争力，更好地面对未来有可能出现的科技问题。同时也有利于一个国家或机构更加有效地吸收和利用国际资源优势，相互交流科研成果，更好地面对和突破一些国际性的科研瓶颈，获取更加广阔的国际发展空间。

无论是发达国家还是发展中国家，想要保持科技前沿的领先地位或在某一个领域取得突破性的进展，就必须积极开展国际合作，这也正是当今世界科技发展的基本准则。许多发达国家，如美国、日本、法国、德国等和一些新型的发展中国家，如印度、巴西等，都根据自身的优势和特点制定了一系列与本国国情相匹配的发展战略。尤其是在发达国家，这种国际化的发展理念和战略目标已由国家政策落实到了科研部门和机构，相对比较有代表性的有德国马普学会、法国科研中心及英国剑桥大学等类似的国际科研机构和世界著名大学，由此可见，发达国家的发展战略开始的时间较早且目光十分长远。在这种国际科研发展的大背景下，我们要加快科研工作“走出去”步伐，把握好这一千载难逢的机遇。改革开放以来，我国领导人对于我国的科学技术发展高度重视，不断强调要加强国际科技合作，积极参与国际交流。近些年来，随着中国科学院的国际影响不断扩大，国际地位的不断提高，许多国家都希望能够深化与我国之间的合作关系，保证稳定长远的发展。中国科学院同时还在国外的某些地方设立了研究中心等一系列科研机构，并取得了优异的成绩。中国科学院大力推进了我国海外科研机构的建设，促进了国际交流合作，推动了国家科研工作的高速发展。

当今世界发展的现状表明，要想成为科技强国、成为全球创新的引跑者，必须要拥有世界上一流的创新型企业、尖端的科研机构和研究性的大学，只有这样才会涌现出一大批具有原创性的科技创新成果，这就要求我们国家必须具备宽阔的全球视野。走出一条完善的科技创新的道路必须要紧紧把握住科技创新进步的大方向。我们国家在世界上属于后发展的国家，因此，科技创新和发展对我们国家来说就显得尤其重要。要想实现科技领域的跨越发展，一方面，因为我们国家的科技还比较落后，在某些方面没有掌握一些高精尖的技术，处于劣势，这就要求我们国家必须要放眼全球，具有开放意识，紧紧跟随世界发展的大方向、大潮流，切忌走闭关锁国的老路，更不可以夜郎自大；另一方面，目前国际形势比较严峻，全球化的步伐也导致了国家间的竞争日益加剧，如果只是一味地学习和引进别人的核心技术，只能是跟在别人的后面，拾取别人剩余的利益，仰人鼻息。自实行改革开放政策之后，我国的汽车行业取得了一定的成就，但是仍然没有掌握其中的核心技术，这一点也再次印证了我们国家必须要走自主研发、自主创新的道路，在涉及发展的重点科技领域一定要敢于摸索、敢于尝试，只有这样，我们未来的发展才会更好。

二、实施创新驱动发展战略的重点问题

一味依靠国外技术是不现实的，为了中国的发展，我们必须掌握核心科技，走自主创新道路。走中国特色自主创新道路，就是要充分发挥市场的决定性作用，同时把握好政府的管理，集中一切力量办大事。

坚持走中国特色社会主义自主创新道路，要增强创新自信。经过长期的努力，我国科技工作者在一些行业已经取得了一定成就，我们完全有信心走自主

创新的道路。我们不能一味地只是学习他人的技术，要在学习的基础上加以研究，创造并掌握属于我们自己的核心技术。在创新的过程中，我们要正确地认识自己，一方面，我们已经取得不少科技创新的成果，所以不能妄自菲薄；另一方面，我们要看到与发达国家的差距，所以不能骄傲自满。有了创新自信之后，我们还要有强烈的创新意识。有创新自信、创新意识的科技工作者才能推动科技创新的发展。走自主创新道路，还要坚持落实国家的发展规划。我们要研究世界科技发展的背景和趋势，同时也要了解中国的现状，只有这样才能对中国科技创新的发展做出正确的指导。在不断的合作交流中促进科技发展进步，不断缩小与发达国家的差距。为了国家安全和长远发展，必须加快核心技术的突破。国防科技是关乎国家发展的重中之重，只有强大的武器装备才能从根本上保障国家的主体地位和安全，拥有更多的国际话语权。

（一）加快科技体制改革步伐

在创新驱动发展战略中，最迫切的就是深化科技体制改革，打破一切束缚创新发展的体制机制的障碍。中国的科技发展体制机制还存在着许多问题，主要表现为科技发展计划性不强、时效性不够。我们必须加快科技体制机制改革，为科技创新发展提供制度保障。

深化科技体制改革，坚持企业是主体，加快产学研发展的整体谋划。在以前的经济发展中，企业主要依靠引进技术、设备来获利。随着中国特色社会主义市场经济的发展，企业所起的作用也越来越突出，对科学技术也越来越重视。通过促进科技创新与市场经济的结合，弥补了我们科技成果转化为经济效益不顺的弊端。在社会主义市场经济中，市场在资源配置中起决定性作用，科技创新也要坚持以市场为导向，只有这样才能保证科技创新的成果能被消费者所接受，促进创新成果转化为社会效益。

多年以来，中国一直在科技成果转化为社会生产力这一方面存在一些问题，这与创新的体制机制有关。政府要加快转变职能，做好政府和市场的分工，牢牢把握住党的领导核心作用，重点突出发展的难点问题，集中力量，攻坚克难。科研院所是从事科学技术研究的重要机构，在科技创新事业中，他们承担着极其重要的角色，我们要根据各科研院所的实际情况进行改革，使其继续在中国特色自主创新道路上发挥作用。

另外，科技体制的改革离不开法律的保障，应加快有关科技创新法律的修订，为保护科研成果做出贡献。我们应根据国家对科技创新的规划以及经济发展的现实情况，不断完善相关的法律法规，以确保中国创新型国家的建设。

科技体制的改革为科技创新的实践提供了制度保证，能够促进科技创新事业的持续健康发展。

（二）牢牢把握科技进步大方向

认清科技进步发展的趋势是实施科技创新发展的重要前提。具体来说，当前世界发展的趋势主要体现在以下几个方面：一是互联网 +、大数据、云计算等新一代高新技术的发展；二是围绕国家发展的重大能源问题，如石油、天然气、清洁能源等的利用和开发；三是绿色科技的发展，地球带给我们的资源是有限的，如何能够尽可能地减少污染是各个国家科技创新的目标；四是生命科学、生物技术的研发。面对当今世界发展的趋势，世界上许多国家不遗余力地加大科技创新发展，力图抢占世界科技发展的制高点。

推进科技创新，首先要把方向搞清楚，只有把握好科技进步的大方向，我们才能有的放矢，才能保证投入的资源能够取得好的成效。在中国特色社会主义进入新的时代条件下，科技发展的核心问题已经初见端倪。因此，广大科技工作者要不断地变革突破、勇敢前进、奋起直追，发展与世界发展相匹敌的科研技术。要密切关注世界科技创新发展的趋势，认识到差距，针对问题，超前布局谋划，将科技思维转化为实实在在的科研成果，抢占世界发展的先机。另外，也要充分发挥广大人民群众的力量，集中力量办大事。

（三）牢牢把握产业革命大趋势

中国正处于产业结构升级的关键时期，转变经济发展方式的关键就是要从实际出发，着眼于全球产业发展和变革大趋势，针对世界发展的前沿问题，不断提高科技创新发展能力，提高国际竞争力，要重点关心中国当前形势严峻的几个问题。一是水资源问题。水是生命之源，我国作为一个地大物博的国家，无论是农业还是工业，都对水资源有着巨大的需求，如何能够提高有限的水资源的利用率，是国家科技创新发展必须思考的问题。二是能源安全。现如今，中国的石油大半都需要从国外进口。如何提高我国能源的利用效率，积极发展可再生和清洁能源，成为科技创新发展需要解决的问题。三是农业。中国是一个农业大国，农业问题是关系国家发展的基本问题，如何提高农业生产水平，提高农民素质水平，这也是科技创新需要解决的问题。总之，水资源、能源、农业都要靠科技。新一轮的科技革命正在酝酿，无论是科研人才还是国家发展都需要紧紧把握这一关键时期。

科技革命必然引发产业革命。科技创新成果不能仅仅体现在具体的文章杂志中，而是要转化为实实在在的成果，面向经济发展的主战场，转化成为人民谋福利的关键性技术，为转变经济发展方式提供有力支撑，把科技创新真正落实到产业发展上。

我们要深刻把握科技发展的时代趋势，把握当前科技创新发展的前沿问题，确定当前技术开发的重点领域，必须站在当前时代发展的前沿，结合当前国家发展的重大问题，面向社会发展的现实需要，营造良好的科研环境，发挥市场和企业的作用，因地制宜，尽最大的可能促进科技创新发展。同时，要紧紧抓住当前关乎国家发展的重大核心问题进行研究，培育一大批新兴产业。

（四）牢牢把握集聚创新人才大举措

人才是创新的根基，是创新的核心要素。创新驱动实质上是人才的驱动。当今世界，人才对国家建设的重要性越来越凸显。因此，走创新发展之路，就必须强调创新人才的强大作用，把人才作为推动社会发展的第一资源。

首先，我们要树立强烈的人才意识。想要进行科技创新就必须重视科技人才的作用，加强我们的科技人才队伍建设。人才是一个国家综合国力的重要组成部分，是否拥有一支高素质的人才队伍关系到国家发展的未来。我国的科技队伍虽然数量庞大，但是在重大科研项目、重点学科领域缺乏领军人物。要想在创新实践中用好用活人才就必须要打破传统体制机制，立足实际需要，进行人才流动管理。深化教育改革就要重视人才培养的质量，中国实行科教兴国、人才强国战略以来，一直致力于培养更多、更高素质的人才。对于这些科技人员来说，首先必须要有强烈的爱国情怀，只有这样才能保证他们全身心地把科技创新应用到祖国社会主义事业的建设中去。留学生要学习国际先进知识、技术、管理经验，把国外优秀成果带回到国内来。在全球范围内选择优秀人才的关键是要坚持党管人才原则。要择天下英才而用之，广泛吸引各类创新人才特别是我们紧缺的人才，要用事业吸引高端人才，同时按照国际规范强化合同约束和法律约束。

用好人才是关键，在中国科技创新事业的进程中，用好人才，首先要用好科学家。科学家是科技创新的实施者，科技成果依赖科学家的研究。用好科学家就是要给他们创造条件，让他们多出成果。尊重科学发展的规律，充分尊重科学人才的研究思路，允许他们充分地发挥想象力和创造力。科技人员是科研开发的主力军。用好科研人才就必须从物质上和精神上满足他们的要求，让他们提高积极性。用好人才，还要用好企业家。企业家是推动创新的重要动力。世界上许多企业的发展都与科技创新人才息息相关，虽然他们不是直接促进科技创新的人才，但是他们是优秀的组织者、推动者，甚至是投资者。因此，培育和用好这几方面的人才，是科技创新发展的重要推动力量。

1. 加强人才队伍建设

一个国家是否能够获得一定的优秀资源并为己所用，在很大程度上取决于其综合国力，要将资源重新组合成更完善、更具竞争力的核心技术，而实现重组的条件，则要有一批高尖端的科学技术人才，也正是我们所说的人才资源。我们在强调和推进科技创新的同时，还要树立强烈的人才意识，积极培养和挖掘创新型科技人才，努力让每一个人才都能发挥自身的特点。

2. 重点培养青年人才

加强青年人才队伍的建设、管理与培养机制，不拘一格选拔青年人才，培养充满创新意识的青年人才队伍，让每一位人才都能够有机会施展自己的才华。随着历史新阶段的到来，科技创新能力与核心技术的掌握将决定最终的胜负，而这决定权最终都掌握在青年人才手中，大力培养高尖端青年人才，才是这场没有硝烟的战争的制胜关键。知识就是力量，人才就是希望，科技、政治、社会、文化等各个领域，都迫切需要加速变革的步伐。我国是一个人力资源大国，与其他国家相比在人才储备方面具备先天的优势，加速青年人才的储备，努力实现可持续发展是我国现阶段社会发展的重要战略目标，既是国家创新活力之所在，也是科技发展希望之所在。

3. 充分挖掘我国高校人才

高校是为国家科技事业发展培养和选拔人才的摇篮，也是科技与人才的重要结合点。在培养人才方面，我国始终保持着高度重视，大力发展国家高等教育事业。党的十八大也再次强调了这一问题，一方面对国家高校建设和人才培养提出了更高的要求，另一方面也重申并巩固了科技人才作为国家创新科技发展的重要地位，强调科技人才是我国未来战略发展的第一资源。高校是我国培养人才的重要阶梯，为我国教育事业以及社会经济发展做出了卓越的贡献，为人才队伍的壮大提供了强有力的支撑。

4. 大力引进国外优秀人才

一个国家要想长盛不衰，就一定要紧跟时代的步伐，发展开放性经济，特别是在人才方面，积极吸纳一批能够突破核心技术并发展新兴产业、新型学科的人才，同时培养和带动国内人才紧跟世界科技发展的潮流，学习和借鉴发达国家的重要论述。引进国外高尖端、高素质人才，壮大我国的科技人才队伍，努力建设新型国际强国的人力资源宝库，这也是增加国家综合实力、早日完成现代化建设的可靠保障。

5. 激发创新型科技人才活力

创新是引领发展的第一动力，人才是创新的第一资源。当前，我国科技人才队伍规模在世界上首屈一指，但创新型科技人才结构不尽合理，科研人员开展原创性科技创新的积极性、主动性、创造性还没有被充分激发出来。要通过促进创新型科技人才集群式发展、完善评价激励和服务保障体系、营造崇尚创新的文化环境等务实举措，大力激发创新型科技人才活力。

以有力措施推动创新型科技人才集群式发展。创新型科技人才集群式发展，有利于在人才交流互动中激发出创新火花，使人力资源得到充分利用，同时也有利于通过集群内部竞争与合作推动各类产业创新。推动创新型科技人才集群式发展，应利用人才集群与产业集群互动发展、互相促进的关系，依托产业链引进研究院或建立公共研发机构，以高新区、科技园、创业服务中心等为基地实施高新技术人才开发工程，吸引人才在本地集聚。发挥创新型科技人才集群效应，重在坚持招商引资同招才引智有机融合。应加强项目招标引才、岗位特需引才、海外筑巢引才、亲情乡情引才，以促进创新产业和创新项目研究为目的，打造创新型科技人才资源库，引进各类高精尖人才，最大限度地发挥创新型科技人才资源的作用。在相关政策制定过程中，还应重视创新型科技人才集群同高等院校、科研院所等机构的联系，坚持海纳百川的开放重要论述和全球视野，统筹国际国内人才资源，坚持引、育并重，聚天下英才而用之。

完善创新型科技人才评价激励和服务保障体系，首先要不断健全完善科技人才分类评价和激励机制，突出质量、贡献和绩效导向，针对不同学科门类特点，建立科学的分类评价指标体系和评价程序。要坚持开展多元主体评价，发挥行业组织作用，推进职称评审社会化、专业化分类改革。同时，积极引入国际评价、市场评价和社会评价，确保评价结果科学有效。其次要综合运用事业、情感、荣誉、物质等方式，对创新型科技人才进行有效激励，帮助其制定长期职业发展规划，为其提供创业基地和创业基金，用有温度的政策机制提升创新型科技人才的安全感和归属感。可以按照岗位实绩制定相关政策、进行业绩考核，建立与岗位职责、工作绩效紧密关联的收入分配制度，提高成果转化收益比例，通过技术股权、股票期权、现金分红等措施，调动创新型科技人才的积极性主动性创造性。

营造崇尚创新的文化环境。崇尚创新的文化环境对创新型科技人才发展具有重要的积极影响。要倡导百家争鸣的学术研讨氛围，营造尊重创新型科技人才个性的学术创新文化，为创新型科技人才创造更大的发展空间，增强其敢为人先、勇于冒尖、大胆质疑的创新自信，减少对创新型科技人才学术活动不必要的干预。通过改革学术管理机制，保障学术自由，扩大科研选题自主权，形成自由探索的体制机制，构建更具开放性的文化系统，促进跨学科、跨专业、跨岗位的人才交流与合作，在积极的合作竞争中激发创新火花、收获创新成果。我们还应认识到，创新总会伴有风险，出错和失败在所难免。这就需要建立健全鼓励创新、宽容失败的容错纠错机制，让创新型科技人才勇于创新、敢于创业，并更好地发挥其引领和带动作用，调动社会各界创新创业热情，推动形成崇尚创新创业、勇于创新创业、激励创新创业的价值导向和文化氛围。

（五）消除传统体制的弊端

随着创新科技体制的快速发展以及我国经济的迅猛进步，科技发展体制中的一些弊端也不断显现出来，这些弊端已经严重影响了科技创新的水平。我国领导人高度重视创新体制的改革，同时也做出了明确指导，指导意见包含了改革的目标、方向性以及方法路线等。科技体制改革迫在眉睫，只有了解到问题出现在哪里，我们才知道如何对症下药，才能从根本上解决问题。

首先，要完善科研平台体制，好的平台能够为今后的进一步发展提供良好的基础，这是提高科研效率的一个十分重要的问题。其次，要优化科技政策，优先促进经济发展方式的转变，我们国家目前制约经济可持续发展的问题有很多，我们必须要把这些实际存在的问题解决掉，加强新兴领域的发展。再次，要最大限度地调动科研人员和科研队伍工作的积极性，充分尊重科研工作人员，把主动权交到工作人员手中，只有这样，科研人员才能放心、大胆创造。最后，一定要处理好政府与市场这二者之间的关系，市场在整个资源优化的过程中起着决定性作用，政府部门要对此进行宏观调控，如建立一些专项资金，而不是直接参与到项目的管理和实践中。

依照科学技术就是生产力的观点，科学技术应具备直接参与市场或产业规模化的功能，这其中的关键就在于科研成果如何能够实现技术转移。一直以来，我国始终将科研机构和高等院校作为科学研究与核心技术开发的集中地，独立于企业之外，二者间并不存在直接联系，大部分科研成果只能服务于科学实验，而不能直接产生经济效益，为企业带来盈利，转化为经济效益相对而言还比较困难。国家虽然十分重视科研工作的发展，但大部分经费都用在了科研机构和高等院校，企业在这一方面缺乏政府的有力支持，自身创新开发意识薄弱，始终保持传统的经营理念，不能及时吸收新鲜血液。其中政府并没有合理发挥引导作用，使得科研单位和企业脱节、分离，科研没有和市场对接，这样一来，科研在很大程度上就丧失了自身的经济价值，也无法为生产建设提供帮助。近代中国科学事业发展缓慢的问题就在于科学技术无法和社会发展相结合，再高的科技含量，再多的知识储备，无法应用于实际，无法造福社会，对现实社会和经济发展而言都是无用的。我们应坚持三个靠拢：一是向国家需要靠拢，科技事业应该服务于国家未来发展战略，提升国家综合实力；二是要向人民要求靠拢，科技发展的根本目的是要促进社会经济发展，改善民生，让科技成果与社会融为一体，真正做到基于社会，服务社会，惠及全体国民，体现以人为本的发展理念；三是要向市场靠拢，科技创新要充分发挥其经济效益和社会效益，让科学技术成为真正的生产力，带动社会经济稳固发展，努力实现创新科技价值与创新驱动的和谐发展。

（六）重视伦理道德建设与绿色科技发展

1. 加强科技工作者伦理道德建设

科学发明对社会造成的影响，不同的利益集团有着不同的判断标准，因此对同一个科学产物的出现也就有了不一样的判断标准。随着科学技术的发展，人们对于科学道德标准的评价也越来越丰富。科学家之所以被称为科学家，是因为他们在某一领域有着比常人更多的专业知识，他们对科学产物的出现有着更为精准的判断，因此他们有义务也有责任对科学产物进行客观的分析，从而为广大群众进行更具体的讲解。

我们都知道科学家在一个国家中的重要性，其不仅是整个社会进步的希望，更对人类文明的发展起着不可估量的作用。因此，科学家应该是一个国家的道德榜样，是整个时代中最为优秀的人才，是道德境界最为高尚的人。因此，科学家的道德规范对整个人类社会的进步都起着重要的作用。

2. 坚持绿色科技发展道路

社会生产力的发展，在促进社会发展的同时，也产生了许多危及人类社会可持续发展的现象。早在 19 世纪，马克思就发现了这一问题的重要性，并对此进行了深刻的研究，他指出：“在我们这个时代，每一种事物好像都包含有它自己的反面。”科学技术推动全球工业化进程一再提速，国际经济发展开始进入历史新阶段，能源消耗量与日俱增，生态平衡的破坏和环境污染愈演愈烈，地球开始出现从未有过的大气污染，严重威胁人类赖以生存的家园。随着第二次世界大战的爆发，世界各国开始大规模发展国防建设，核武器、生化武器等大规模杀伤性武器逐渐问世，转基因食品、克隆技术、器官移植等新兴高科技不断挑战着人类的伦理道德底线。互联网技术的问世加速了世界信息一体化的进程，但也随之出现了信息盗窃、网络欺诈、舆论误导等一系列社会问题。科学技术的发展对人类社会产生了极大影响，关乎生活、生产和生存，我们更应坚持走绿色科技发展道路不动摇。

第四节　创新驱动发展战略的主要特征

我们必须要完整地认识并了解到科技创新对创新人才的重大作用，同时要坚持理论自信和文化自信的原则。我们在世界尖端水平上一定要有自信，要坚定不移地走中国特色自主创新道路。放眼未来，只有走创新发展的道路，我国才会走出目前的困境。

一、科技成果与国家需要相结合

科技成果只有同国家需要、人民要求、市场需求相结合，完成从科学研究、实验开发、推广应用的三级跳，才能真正实现创新价值。一方面要不断提升科技创新能力，不断产生引领发展的重大原始创新成果；另一方面要聚焦实体经济发展和民生改善需求，推动科技成果在经济社会发展中的转化应用，加快形成经济、社会发展和国家安全的战略支撑力量，扩宽发展新空间，抢占发展制高点。增强主动精神，紧扣国家需求，把科技创新用到服务国家经济社会发展上的观点在诸多专家之中不谋而合。厦门大学海洋与地球学院教授、中科院院士焦念志认为，自主创新绝不能关起门来做，要看有没有解决国家各方面的需要，能解决问题是关键。哈尔滨工程大学动力与能源工程学院教授李玩幽表示，按照国家需求，带领学生一步一步地把理论分析、试验结果、工程应用各方面工作做好，最终落脚在为国家解决现实问题，这才是创新。

二、科技成果与人民需求相结合

2018 年 5 月 18 日，国务院新闻办公室举行新闻发布会，针对关于我国现阶段科技成果转移转化行动等方面的情况进行了相关介绍，并回答记者问题。发布会上，王志刚针对这一问题进行了具体描述，他表示，要实现科技成果的创新价值，首先要结合国家需要、人民要求、市场需求，其次还要在科学研究的基础上进行实验开发，最后一点，也是最为关键的一点，就是进行市场推广和实际应用，让科研成果市场化、经济化，真正实现科技创新的经济价值。强化科技创新对社会生产力和综合国力的战略支撑，加速科技创新向显示应用的转变，让科技创新能够真正实现实际应用，服务国家，服务社会，紧扣经济社会发展和国家战略需求，加速推动科技研发体制改革。科技兴则民族兴，科技强则民族强。一方面要紧跟社会发展步伐，不断提升国家的科技创新能力，加速推进重大原始创新成果的研发；另一方面要聚焦实体经济发展和民生改善需求，推动科技成果在经济社会发展中的转化应用，让科技创新服务社会、服务民生，扩大创新科技的发展方向，建设创新型产业链条，促进形成经济、社会发展和国家安全的战略支撑力量，放宽国家发展战略视野，抢占国际科技发展的制高点。科技革命的发生不是偶然的，科技创新的不断出现与发展是科技革命发生的必然前提。科技创新的重大突破和加快应用极有可能重塑全球经济结构，使产业和经济竞争的赛场发生转换。我国广大科技工作者要敢于担当、勇于超越、找准方向、扭住不放，牢固树立敢为天下先的志向和信心，敢于走别人没有走过的路，在攻坚克难中追求卓越，勇于创造引领世界潮流的科技成果。

三、科技成果与市场需求相结合

随着全球科技的飞速发展，强化和完善科技管理成为加快科技创新、提高科技支撑经济社会发展能力的必然要求。而科技成果的创造和转化是科技管理工作的核心问题，不仅关系到科技是否能真正融入经济建设主战场，也关系到不同创新主体创新能力的提高。所谓科技成果，是指人们在科学技术活动中通过复杂的智力劳动所得出的具有某种被公认的学术或经济价值的知识产品，具有一定的价值，即学术价值和实用价值。从广义上来说，科技成果转化包含从知识的生产到最终生产力的形成这一创新链条中各个环节的转化；从狭义上来说，科技成果转化主要侧重于创新链的末端，即应用技术成果向能实现经济效益的现实生产力的转化。科技成果转化不力、不顺、不畅，是困扰我国科技界多年的一个现实课题。如何推动科技成果加快走入市场，解决科技经济“两张皮”的问题？要坚持以市场为导向，加速科技成果转化为现实生产力。打通科技成果转化渠道，让人才更喜创新。科技发展的核心要素是创新，而创新驱动的核心要素是人才。因此要强化树立科技服务于民的理念，培育与成果转化需求相适应的复合型人才。科研机构、高等院校的各级领导应解放重要论述，通过宣传教育，使每个科技工作者建立以科技创新为民、主动开展科技成果转化工作为荣的责任感、荣辱观。同时，完善科技成果转化考核机制，坚持以市场需求为导向，以考核结果为依据，合理配置科技资源，提高科技资金使用的效率。

以往是政府分配资源、行政主导项目，现在，可以让创新资源由市场配置，建立财政科技投入与社会资金搭配机制，采用多种资金支持方式和市场选择项目机制，撬动各类社会资本共同支持科技创新，提高科技成果转化效率。

四、科技创新要突出我国社会主义特色

我们经常提到的中国特色社会主义道路说的就是要走自主创新与自力更生的道路，走这一道路还必须要立足于我国的国情，用创新发展带动经济的发展，力争在 2020 年将我国建设成创新型的国家。世界上所有的创新型的国家都有着各自的特色，例如，美国凭借着自身的科技实力始终在世界上处于主导作用，而欧盟则通过成员国之间的合作，在多个领域的科技中处于领先地位，而韩国和日本相比于其他国家而言对引进技术更懂得吸收与创新，在借鉴的基础上形成了自主创新。以上国家的经验都是值得我们学习的，同时，我们国家更应该如此形成自己的特色，从而赶超上其他国家。要想充分发挥中国特色社会主义，首先，要做到发挥出我国的优势，集中力量办大事，同时还要整合我国的资源，做到有重点的突破，只有这样才能达到跨越式发展。其次，要加大力度提高对自主创新的资金投入，使得创新能够与市场更好地融合在一起。再次，充分发挥出我国的大国资源优势，为将来科技的创新打下坚实的基础。最后，充分利用我国完善的科技体系这一优势，通过依托我国现有的科技成果，以此来促进科技的进步与创新。

中国共产党在总结多年的科技创新道路的过程中，得出了一条重要的规律，那就是要想走有中国特色的社会主义道路，必须要坚持自主创新，同时还要进行有重点的创新。以前就有人曾指出，所谓的自主创新，就是要从我们国家自身的创新能力出发，同时还要加强对原始的创新；所谓的重点跨越就是要坚持有所为而又要有所不为。这些方针政策的提出必须要坚持并且贯穿于整个社会主义的发展。

五、科技创新密切联系我国的现状

现阶段我国正处于社会经济高速发展的阶段，同时我国也是世界上发展最快的社会主义国家之一。坚持走中国特色社会主义发展道路、坚持自主创新，就一定要以我国的基本国情为出发点，立足于自力更生、艰苦奋斗的原则，加快实施创新驱动发展的战略步伐，加大对于高素质人才培养的投入力度，让创新科技和人才引领社会进步，为国家繁荣富强提供充实的保障，争取在 2020 年建成创新型强国。纵观世界各国，每一个国家都有属于自己的创新道路和核

心技术。

美国凭借其雄厚的经济实力，涉足众多领域，掌握的核心技术和科技实力也较为先进，始终保持着世界科学技术的领导地位，主导世界格局和秩序；欧盟国家在科学技术方面相互合作、互通有无、取长补短、互相学习，科技发展速度十分迅猛，自成领域；日本和韩国在这一方面十分重视科学技术的引进和吸收，引入国外简短的核心技术，通过自我消化和吸收，推陈出新，循环往复，逐渐形成属于自身的科技创新能力。每一个国家在科技创新方面都截然不同，但在国家经济发展方面效果都是相同的。现今国际竞争十分激烈，谁能提高速度、掌握核心技术，谁就能占领先机，争夺主导权。以上种种，都值得我们深思和学习。

现阶段我国社会经济发展速度十分迅猛，正处于全面建成小康社会、深化改革的关键时期，要坚持创新驱动发展战略，大力推进产业结构优化升级。要从实际出发，根植于我国现阶段发展的基本国情，紧跟全球产业发展变革趋势，积极促进核心技术的开拓与研发，努力竞争世界产业发展的制高点，大力推进产业核心技术含金量的提升，完善优化产业价值链，积极发展产业附加值，提高产业核心竞争力。大力推进战略性新型产业的发展，开发循环可再生资源，大力发展先进制造业，弥补优化传统制造业的不足，努力提升我国制造业在国际市场的地位，积极推进工业信息一体化，同时促进产业结构优化、功能完善、高附加值、核心竞争力强的现代高科技产业体系。紧跟世界经济发展的步伐，积极促进我国社会生产模式的转型，为加速我国社会经济发展打下坚实的基础。随着世界经济发展浪潮的袭来，我们认识到创新能力对于一个国家和社会发展的重要性，国家的创新能力决定了一个国家的综合国力，并且影响着国家近几十年的发展方向和国家整体经济水平的提高。

从某种意义上说，科技实力决定着世界政治经济力量对比的变化，也决定着各国各民族的前途命运。坚持中国特色自主创新道路，把握好我国现阶段发展的基本国情，将创新驱动发展战略落到实处。这条道路是有优势的，改革开放多年来，我国打下了坚实的物质基础，在科技创新方面也具备了许多尖端的核心技术，现阶段我国已具备实施创新驱动发展战略的必要条件。我们要结合改革开放以来我们所积累的社会主义经济新条件，充分利用好我国现有的物质资源，加强统筹协调，做好顶层设计，根植于我国现阶段发展的现状，坚持社会主义发展路线，结合人民需要与现实基础统筹考虑，加速社会经济发展方式转型。面对未来社会的发展和世界经济市场的考验，我国要加速提升自主创新的能力，坚定不移地走中国特色自主创新道路，这也是我国未来社会发展的必经之路。现实告诉我们，金钱可以提升物质基础，真正的核心技术则需要我们坚持不懈地钻研和努力，靠国外进口并非长久之计，一味地模仿，终究是无法超越的。我们要集中力量推进创新驱动发展战略的实施，把创新作为贯彻科技事业发展的主线，坚持中国特色自主创新道路，努力建设现代化社会主义新中国。

六、科技创新充分利用我国的资源优势

过去，我国主要依靠自身资源和廉价劳动力等发展经济，“十三五”工作计划提出要努力将这一形式转变为创新驱动发展。同时，这也就意味着要将我国创新的能力和创新的水平进行质的提高，我们国家应大力发挥我国的资源优势，但发挥资源优势并不意味着要将我国所有的资源用尽、用完，而是需要合理运用。例如，要转变我国经济发展的模式，调整我国的产业结构，并且将资源创新的这种优势转变为发展的优势。丝绸之路经济核心带的发展，首先将创新发展作为整个经济发展的第一驱动力，同时还要适时地抓紧机会，把握经济发展的新常态，在不断利用资源优势推动创新的同时，还要提高对外开放的水平和能力，带动全国经济的发展。

七、科技创新与社会发展相结合

创新是引领经济发展最大的动力。纵观世界的发展来看，创新成为推动一个国家经济发展和社会进步的最直接的动力。无论是之前的两次工业革命，还是发展到今天的信息技术的革命，创新永远都是促进经济进步的最大动力。当前，随着各行各业竞争压力的不断加大，各国都开始致力于自身的创新发展战略，期望以此来赢得在世界竞争中的一席之地。一些发达国家如美国、德国、日本等都在尽最大的努力巩固自己在世界上已有的战略地位，而像中国、印度、巴西等这些处于发展中的国家则更加快了自身发展的脚步，力争在最短的时间取得最大的成效。目前我国呈现的局面就是整体经济结构处于转型阶段，并且各个行业的经济处于严重的下滑状态，因此这个时候的创新就显得更加重要，创新也就成为推动经济快速发展的重要手段之一。所以，综上所述，我国应该将创新放在首要发展并且是全局发展的重要地位，通过创新的方式来推动经济的发展，并且以此来调整产业的整体结构，这既是发展经济的需要，同时也是改善我国发展质量的保证，将我国的经济水平整体提升并改善人们生活的水平，这对于推动我国经济的整体发展并将我国建设成小康社会都有着划时代的意义。

“创新是引领发展的第一动力”，这里所说的创新就是以科技创新为主导地位的全面发展的创新。而所谓的全面创新说的就是无论是在理念还是在体制文化等方面都要有所创新，打破原有的制约，从而达到科技创新与其他创新全部融合的局面，这样的创新才是与经济发展紧密结合的，这就要求我们在创新的同时要达到调动一切可生产的要素，激发出更多的发展潜能。我国实施科技创新驱动发展战略，用创新驱动我国经济最大的发展潜能，首先，要抓好核心地位的引领工作。这就需要对世界科技创新的发展有一定的了解，就像牵牛要牵牛鼻子是一样的。其次，要加强创新在企业发展中的重要位置，最大限度地发挥出创新型企业所具有的优势。企业的发展是一国经济发展的主体因素，企业能够敏锐地洞察出经济的变化，并且能够衡量创新的具体要求，能够更好地把握创新发展的具体方向的问题，这样可以使得创新更好地满足市场的需要。如果一个企业能够达到自主创新的地步，也就能够生产出市场上需要的产品，以此来满足市场的需求，从而产生巨大的经济效益。最后，科研机构和高校是促进创新发展的源头，要最大限度地发挥科研机构与高校的优势，将产业与创新紧密结合，达到科技与经济发展融合的局面。

无论是创新活动的执行还是创新驱动的发展都离不开制度来保驾护航。因此，制定有利于经济发展的创新驱动制度就显得尤其重要。制定有利于创新驱动发展的制度和机制是推动创新发展的必然趋势，也是必然选择，首先，要妥善处理市场经济与政府调控间的关系，大力推进加速政府职能的转变，通过简政放权等新引擎促进创新驱动的发展；要构建促进创新的公共服务体系，全力配合和推动创新活动的实施和开展，在制度上对创新活动进行宏观引导，大力提升对于创新活动的支持力度，为顺利推进创新活动打好基础。其次，在大力推进自主创新发展的同时，加强自主创新体制的建设，完善自主创新体制，让创新从科研机构和高校转向企业，让企业真正成为创新的主体，加强对企业创新的支持力度，提升科研投入和科研成果的转化度，让企业创新直接服务于市场经济，为国家和社会经济建设提供强有力的保障。最后，加强对知识产权的建设和保护，建立健全的法制保护体系，大力推进和保障创新活动的发展。在我国创新经济发展改革的大背景下，首先最重要的一点就是要深化创新体制的改革，将创新活动发展落到实处，推陈出新，去伪存真，改革原有的、老旧的体制，为创新活动的发展提供良好的发展环境。在深化体制改革的同时，建立更加开放、透明的市场机制，改革我国保持持久的、传统的市场格局，为创新活动的发展提供有利的市场资源和空间，改革原有的行业与市场间的垄断形式，为创新活动的健康发展开创新的市场环境。

要加强对于创新技术和创新成果知识产权的保护力度，完善和健全知识产权的法律保护体系，将创新技术、创新企业以及创新知识分子的权益保护落到实处，推动知识产权维权援助体系的发展和改革，促进创新型社会环境的发展，加速创新成果与市场经济的接轨。完善的制度是创新经济发展的保障，让制度带领创新活动发展并服务于创新活动发展，让创新成为经济发展最有力的支撑点。大力开展创新活动，从根本上来说离不开人才和资金的支持。一方面，人才是开展创新活动的源泉，是创新技术发展的基础和保障。要把人才作为创新活动发展的第一要素，大力培养和挖掘创新型知识人才，将人才的培养和引进作为创新活动发展最关键的一点，全面提高创新人才素质，为国家经济建设培养一批国际化的、富有创新精神的创新型知识人才队伍，为国家经济建设提供强有力的支撑，全面提升国家的综合实力。同时，大力弘扬创新精神，努力实现企业创新、产业创新、行业创新，直到全民创新，让人民群众逐渐成为创新的主导力量，充分激发人民群众的创新精神，并尊重人民群众的创新精神，让全社会都参与到创新活动中来。另一方面，要加强对于创新活动的投入，使得创新活动能够具有足够的经济储备，保证活动的顺利发展。创新活动的发展离不开经济的支撑。要发挥经济对于创新活动的推动作用，鼓励金融机构向创新型企业开展知识产权质押融资，大力引进风险投资基金、天使投资基金等，将定向减税和普遍性降费政策落到实处，让企业在制度中得到充分的实惠和优惠，让创新引领经济健康发展。

八、科技创新与中国梦紧密相连

一个国家只有不断创新、不断发展，才会屹立于世界民族之林。我们国家能否在日益严峻的国际环境中继续发展，甚至是后来居上，主要就取决于我们国家是否能在创新驱动发展这一战略问题上踏踏实实地走好每一步，只有踏踏实实地走好走稳每一步，我们国家才能够实现“弯道超车”的梦想。就目前而言，我们国家的经济总量虽然在世界上的排名是第二位的，但是经济增速呈现的是下滑的趋势，新的经济增长动力不够，这都是目前我们国家需要迅速解决的问题，因此，必须将新的发展方式转移到创新发展道路上来。

要想将科技创新战略发展得更好，必须清楚地意识到要将科技创新摆在工作的首要位置。无论是我们之前提到的在 2020 年我们国家全面实现小康社会，还是在 2020 年我们国家进入创新型国家，这两个目标都与我们国家从需求侧转向供给侧的转变密切相关，我们不能在发展经济的过程中过度地追求规模，而是要注重发展的质量和效益，只有在发展过程中不断地创新，发展的步伐才会走得更远，走得更稳。

抓创新就是抓发展，谋创新就是谋未来。在新一轮全球经济竞争与发展大趋势的面前，只有进行改革才会更加进步。我们国家总是在说中国梦，但中国梦的具体内涵到底是什么呢？那就是要实现我们中华民族的伟大复兴。所谓中国梦，归根结底就是中国人民的梦想，既然是人民的梦想，那就要依靠人民的努力才会实现。

同时，知识产权也越来越被人们所重视。历经多年的发展，我国已经建立了较为完善的司法保护和行政保护两条途径，并已将这两个途径应用到了具体的知识产权的保护中，主要通过行政和司法两种手段针对一些侵权案件进行处理，进而打击一系列违法犯罪行为，以此来保护权利人的正当权益，也有利于进一步增强群众的维权意识。

但是，我国现在仍然面临着国际和国内的双重压力。就国际方面而言，随着我国的国际地位和综合国力的不断提升，以美国为首的一些国家就知识产权问题不断地与我国进行协商，希望我国可以加大对他们的知识产权的保护力度。就国内方面而言，我国对知识产权问题缺乏一定的保护意识，企业、高校还有科研机构对知识产权都没有较强的管理，一些规范和要求也不够完善，这些问题的存在都影响着我国社会的进步与发展。我国存在的这些问题，不仅损害了广大消费者的利益，而且严重影响了守法经营者的积极性，极大地损伤了当地的信誉，也影响了我国经济社会的健康发展。

因此，针对上述存在的问题，党中央、国务院高屋建瓴地提出要实行严格的知识产权保护制度，这是我国发展到当前的新时代背景下，对知识产权等问题提出的新的要求，这一制度的推行也预示着我国政府有信心对侵权等一系列违法行为的打击。可以这样说，打击侵权等违反行为不仅仅是因为要履行国际发展的要求和义务，更是为我国今后的发展与创新打下了又一坚实的基础。

当然，我们都知道一项制度的实施向来都是不容易的，知识产权保护制度的实施更是如此。相关意见明确提出了“完善知识产权保护相关法律”“完善知识产权审判工作机制”等具体的要求。可以这样说，保护知识产权是目前我国发展过程中较为紧迫的一件事。各个地区的部门都要行动起来，根据国家的部署，在发展的过程中既要突出重点又要严格监管，集中一切可以行动的力量在各自监管的领域查处相关问题，对侵权行为进行有效的遏制，同时又要放眼未来，加大力度进行关于知识产权的保护与监管工作，为我国今后发展乃至建设全面的小康社会提供强有力的支持，只有这样，我国才称得上是一个健全的法治国家。

第五章　全方位推进人才开放战略

党的十八大以来，我国就人才开放工作提出了一系列新理念、新论断和新要求，形成了系统成熟的新时代人才开放理论体系。运用马克思主义的立场、观点和方法，深入分析人才开放重要论述的科学内涵、精神实质和基本原则，从理论层面探析人才开放理论的科学性、系统性和战略意义，以求在全社会进一步形成人才开放的思想共识和发展动力。深刻学习贯彻新时代人才开放重要论述，对于推进中国特色社会主义人才事业的健康发展具有重要的时代价值。

第一节　全方位推进人才开放战略的基础

一、理论基础：马克思主义人的解放理论

人的解放理论是贯穿于马克思主义理论体系的一条主线和核心重要论述，内涵丰富。马克思指出，“任何解放都是使人的世界和人的关系回归于人自身”。人的解放，就是人通过不断摆脱自然力和社会关系的束缚而获得自由全面发展，使人真正成为世界和人类自身的主人，实现对人的本质的真正占有。

马克思主义认为，人的解放的动力在于现实的物质生产与普遍的社会交往。首先，社会生产力的高度发展是实现人的解放的根本前提。社会生产力的发展程度直接规定和制约着人类的发展水平。马克思和恩格斯在《德意志意识形态》中指出：“只有在现实的世界中并使用现实的手段才能实现真正的解放。”如果人们不能在质和量方面充分保证自己的吃喝住穿，人们根本不能获得解放。其次，社会交往的普遍发展为人的全面发展与解放提供了主客观基础。人的解放的实现程度以及获得自由的相对空间，取决于人的社会交往的普遍发展程度。社会交往的普遍发展既可以促进生产力的发展，也可以增强人与人之间的交流，进而形成一种全面的社会交往关系和能力体系，进而为人的解放与自由全面发

展提供主客观基础。

新时代人才开放重要论述体系依据人的解放的历史要求，着眼于人、着力于人，是马克思主义普遍原理与新形势下人才工作的具体实践紧密结合的产物。马克思主义人的解放理论为新时代人才开放重要论述体系的形成提供了深厚的理论基础。

二、实践基础：国际国内经济形势发展对人才工作提出的新要求

近年来，面对国际金融危机的后续影响，全球经济总体增长乏力，欲“苏”还“疲”，经济增长乏力成为全球经济新常态。为了破解发展迟缓困境，世界各国都将目光聚集到科技创新、产业革新，特别是高层次创新人才的培养与使用上，由此导致国与国之间的人才竞争日趋激烈，人才争夺战呈现常态化、多元化、双向化和高端化的特点。

经过改革开放多年的快速发展，我国经济社会发展进入新时期，呈现出了许多发展的新特点和新问题。破解经济发展的深层次矛盾，必须实施创新驱动发展战略，增强经济发展内生动力，但这一切都需要人才。因此，在经济社会转型的关键时期，面对机遇与挑战并存的发展态势，必须抓好人才资源这个第一资源，以更加开放的人才发展支撑人才优先发展的战略布局，为实现“两个一百年”的奋斗目标提供强有力的人才保障和智力支撑。

人才开放是人才工作的内在要求和重要规律。人才开放思想是五大发展理念之开放发展新理念在人才领域的具体展开，是时代性和实践性的统一体，科学回答了在发展社会主义市场经济和全球化大背景下，关于人才开放发展的一些重大理论和现实问题，是对马克思主义关于人才开放思想和中国特色社会主义人才理论的继承和发展，是新时期做好人才开放工作的重要理论支撑。

从事物的开放本质把握人才开放新策略。辩证唯物主义哲学认为，开放是事物生存、发展的本质特征，具有客观必然性和一般规律性。开放是事物运动发展的系统过程，是系统内部诸要素之间和系统与外部环境之间在物质能量、信息方面的互动性交流。事物正是在开放的条件下，在与环境和自身内部的交流中使自身的构成因素发生变化，并通过自我机能调节而使自身继续生存和发展。开放的客观性和一般规律性说明，人才开放是人才系统运行发展的内在要求和客观选择，是社会历史发展的必然现象，也是不可阻挡的社会历史潮流。一方面，开放具有解除封锁、禁令、限制，允许进入的含义。简单地说，就是事物的吐故纳新，在不断否定之否定中实现进步与发展；另一方面，开放也蕴含着共享、分享、合作与包容的内容，反映了事物间交换、沟通和互通有无的

过程。这两个方面是推进事物矛盾辩证运动发展过程的一体两面，互相协调，彼此促进。事物内在的开放机制说明，人才开放既是一个破除人才发展障碍、解除限制人才潜能发挥的过程，也是一个人才互动交流、相互学习、增进了解和合作共赢的过程。因此，扩大人才开放，一方面，要不断扫除落后的人才偏见，突破利益固化和束缚人才的制度藩篱，改善不利于激发人才积极性、主动性和创造性的社会环境，促进人才系统的优化升级；另一方面，要树立“不拒众流，方为江海”的理念，开阔眼界、思路和胸襟，加强同世界的联系互动，兼收并蓄，吸取国际先进经验，在各类人才相互学习合作的过程中，实现共同进步与发展。

从人的解放核心特质把握人才开放新策略。深度唯物史观认为，人是社会生产力诸要素中最活跃、最首要的因素。人的解放，就是人对其人的本质真正占有的过程，实质就是实现人的主体性，也就是把人的关系还给人自己，摆脱盲目而强大的自然力以及异己对立的社会关系对人的限制和束缚，使人真正成为世界和人类自身的主人，从而获得自由而全面发展的过程。正如马克思所指出的：“任何解放都是使人的世界和人的关系回归于人自身的。”马克思认为，人的解放表现为人的劳动能力的解放、人的社会关系的解放和人的个性的解放。着眼于人、着力于人是人才开放思想的出发点和落脚点。这说明，人才开放是为人的进步与发展创造条件的，是不断促进和实现人的解放与全面发展的实践过程。从这个意义上说，呼唤人才，渴求人才，就要尊重人才个性、包容人才缺点，宽容人才失误。推进人才开放，要顺势而为，把人的主体性、创造性和能力从现实物质的、社会关系的或思想的束缚与限制中解放出来，自由发展和发挥他的全部才能和力量，激发人才承载的知识、创新与活力，促进人的价值地全面实现和人的全面发展。由是观之，依据事物的开放本质和人的解放的历史要求，人才开放思想是马克思主义的普遍原理同中国特色社会主义人才实践紧密结合的具体产物。坚持人才开放理念、实施人才开放战略既是中国特色社会主义人才建设与人才工作遵循事物运动、联系和发展的哲学思想的必然选择，是新时期党和国家聚集天下英才、增强人才制度优势、建设人才强国的现实需要，也是实现人的解放和全面发展的客观历史要求。

第二节　全方位推进人才开放战略的基本原则

在开放社会的总体格局下，作为统领人才建设和人才工作的顶层设计，人才开放思想始终坚持三个基本原则，即人才对内开放与对外开放的辩证统一、人才竞争与人才合作的辩证统一、人才开放与人才安全的辩证统一。

一、坚持人才对内开放与对外开放的辩证统一

统筹推进对内开放和对外开放，统筹用好国内国外两种人才资源、两个人才市场，是人才开放所必须坚持的基本原则。人才对内对外开放相互促进、人才引进来和走出去有机结合，促进国际国内人才有序自由流动、人才资源高效配置、市场深度融合。要推进国内国外人才一体化建设发展，实现政策、制度上的统一性、一致性、均衡性，但又要注意内外人才开放的特殊性和差别化。就扩大人才对外开放而言，关键要根据全球人才的趋势和特点，高度重视全球人才成长和流动规律，树立“人才为我所用”理念，熟悉国际人才规则，自觉参与全球人才配置，善于从全球人力资源库中取才、用才，增强人才引进来与走出去的广度与深度，从而解决我国创新引领型人才严重不足以及人才国际化水平不高等迫切问题。就扩大对内开放而言，关键是要形成市场对人才配置的决定性地位，以开放作为推动人才体制机制改革的动力，打破所有制、部门、行业、地域等限制，进一步破除体制壁垒和利益固化，向用人主体放权，为人才松绑，促进人才合理流动和公平竞争，有效激发人才创造力和活力，开创人人皆可成才、人人尽展其才的生动局面。

二、坚持人才竞争与人才合作的辩证统一

当前，人才跨国流动和人才国际化是人才发展的显著特征。一方面，世界各国对高层次、创新引领人才的争夺更加激烈和复杂，显示了全球普遍迫切的人才需求。另一方面，人才正在打破国家、地区的界限，在经济、科技、文化、教育、安全等领域的融合、交流、合作明显加深、加快，全球合作向多层次、全方位拓展。在此形势下，我国推进人才开放必须加快融入国际人才流动大循环，在全球人才竞争合作的频繁互动中形成自己的人才竞争优势和比较优势。

人才开放首先体现在全球范围内的人才竞争上。敢于竞争、参与竞争、追求卓越，是人才开放的根本意义所在。其次，人才开放中的竞争，是以合作为条件的，是合作中的竞争。要进一步扩大和提升我国人才合作范围、领域和层次，大力推进“一带一路”和亚投行建设，为全球及沿线国家各类人才施展才能创造国际化的职业发展平台。要针对消除贫困、保护环境、应对传统安全和非传统安全等各领域的世界性难题，加大专业国际交流合作、专业人才联合培养，对特定国际重大项目联合攻关，有效提升中国人才在全球合作竞争中的领导力和影响力。

三、坚持人才开放与人才安全的辩证统一

历史和实践表明，扩大人才开放是国家改进人才治理模式、持续提升人才竞争力的不二选择。然而，对于发展中国家而言，人才开放也面临着大量人才特别是尖子人才流失的问题。有数据显示，中国科学和工程领域人才出国滞留率平均达 87%，成为高层次技术人才流失最严重的国家之一。这在很大程度上对我国的人才安全造成了不利影响。因此，在加快推进人才开放的进程中，高度重视人才安全问题，实现两者的辩证统一，是我国必须始终坚持的重要原则。

人才开放和人才安全是相辅相成、密切联系的。一方面，人才开放是实现人才安全的根本路径和有效支撑。因为任何稳定的人才安全都是在开放的、动态的环境中形成的。另一方面，人才安全彰显着人才开放的能力和质量，是完善人才开放体系的重要方面。要着力构建人才开放条件下的人才安全网，切实改善我国人才发展的软环境。要加大人才资源基础开发投入，制定出台与国际接轨的人才政策和制度，提高对各类人才的影响力和吸引力；要改进人才引入的方式、方法，从短期物质激励向事业激励、感情激励转变；要改革完善移民政策，如降低绿卡门槛、开辟技术移民、高端人才绿色通道等，加强对海外高级人才的吸引或留置力度；要注重培养具有中国根基的有竞争力的国际化人才，在本土人才培养、国际人才引进、人才创新和持续成长、尖端人才对相关领域的引领和影响、经济社会发展人才贡献率等方面，实现整体跃升；要切实推动人才开放成为宣传好中国形象、讲好“中国故事”、传递“中国好声音”的重要平台；要关注核心机密技术人才的流向，采取切实有效的措施减少核心机密、核心技术人才流失造成的损失。

第三节　全方位推进人才开放的策略

一个国家的对外开放，必须首先推进人的对外开放，特别是人才的对外开放。坚持以人为核心，以开放发展为理念，着眼于人，着力于人，主张人才发展的通透性、互动性、合作性和流动性，积极构建全方位、多层次、立体化、以开放为鲜明特征的人才发展格局，实现开放理念与人才工作全领域、全过程、全环节的融合。

一、人才开放是对外开放的高级形式

对外开放要着眼于人、着力于人，推动人们在眼界上、重要论述上、知识上、技术上走向开放，把整个对外开放提高到新的水平。当今中国正以前所未有的开放姿态走向世界，一般而言，对外开放分为三个阶段，即商品对外开放、资本对外开放和人才对外开放，开放的重点正从传统的商品开放、资本开放向着人才开放转型，这既是中国发展的新阶段，也是人才发展的新阶段，更是实现"两个一百年"奋斗目标和中华民族伟大复兴中国梦的客观需要。因此，人才对外开放是对外开放发展的新阶段，是对外开放的高级形式，关乎全面深化改革的推进。

开放是人才发展的客观必然。开放是当今时代最鲜明的特征，是国家繁荣发展的必由之路，而人才是国家繁荣发展之基。只有牢固树立开放发展理念，始终坚持开放精神，才能为人才发展培植深厚沃土。只有把人才发展放在世界人才发展的大格局中来认识和把握，才能主动适应、积极跟进、引领世界人才发展潮流，抢占世界人才发展的制高点。

二、人才开放是全方位的开放

进入 21 世纪以来，随着经济社会转型的加快加深，当前中国改革已经进入攻坚期和深水区，只有通过全面深化改革和实施创新驱动发展战略才能解决相关问题。而全面深化改革，实施创新驱动发展战略，关键在人才。我们要敞开大门，招揽国际人才。因此，中国人才开放是全方位、多层次的开放。全方位、多层次的人才开放要求面向全球开放，在全球范围内取才、引才和用才。人才开放要贯穿人才培养和引进的一切过程，覆盖政府、企业、高校、科研机构等一切行业和领域。

以开放实现招才引智是党和国家的一贯主张。但不同的历史时期，人才开放的广度与深度有所不同。随着中国经济社会的深刻转型和国家创新驱动发展战略的深入实施，改革已进入深水区和攻坚区，人才的基础性、先导性、全局性地位和作用不断突显。当代中国比历史上任何时期都需要依靠高层次人才的智力支撑和创新引领。当今中国的人才开放是全方位的，不再是局部的、个别的，而是系统的、普遍的，要从世界范围内选才、用才，要主动嵌入全球人才大循环中。同时，人才开放是全过程的，贯穿人才培养、开发、引进、使用和激励等各个环节，覆盖人才政策、人才体制机制、人才环境各个层面，深植于从政府到民间，从科研机构到企业等各行业、各领域。可以说，更全面、更深层次、更宽领域的全方位开放是新时代人才开放思想的显著特征。

人才开放要着眼于文明交流互鉴。过去，我国从单纯技术维度将人才开放视为促进经济发展的动力。但是，在新时代人才开放重要论述中，我国将人才开放从单纯的技术维度上升到精神层面，强调人才开放要着眼于文明交流互鉴，大大拓宽了国际人才交流合作视野。文明交流互鉴，首先是人的交流互鉴，中国要永远做一个学习大国，积极借鉴世界各国优秀文明成果，推动中华文明创造性转化和创新性发展，共同维护和发展开放型世界经济，加强国际人才交流合作。因此，我国必须充分发挥人才国际交流合作的引领作用，增进同世界各国友好往来与相互理解。我们要以更加开放包容的心态，加强同世界各国的互通、互容、互鉴。新时代人才开放要着眼于文明交流互鉴的重要论述理念，不仅透出一种中国自信，而且展现出中国共产党的执政自觉。

三、人才开放旨在完善人才结构

人才结构不合理，是新时期制约中国面向未来发展的最大软肋。我国科技队伍建设面临的严峻挑战，就是创新型科技人才结构性不足矛盾突出，世界级科技大师缺乏，领军人才、尖子人才不足，工程技术人才培养同生产和创新实践脱节，这既与中国的大国地位不相称，也与人才战略需求不匹配。人才开放是弥补这一短板最直接、最有效的路径。推动人才结构战略性调整，培育一大批“高精尖缺”人才，要遵循国际人才流动规律，善于从全球选才、引才和用才，既要发挥好现有人才的作用，同时揽四方之才，“择天下英才而用之”，唯才是举，唯才是用，切实优化我国高层次人才结构。改革开放以来，我国人才队伍建设取得了显著成就，我国已经成为世界人力资源大国。但是，我国还不是人力资源强国，人才发展总体水平与世界先进水平相比还有较大差距，人力资源的结构性矛盾仍然非常突出，主要表现在人才队伍整体素质不高，创新创业能力不足；初中级人才多，世界级科技大师严重不足等。因此，推进人才开放发展，必须立足创新驱动发展战略，构建可持续发展的人才成长链，在创新实践中培育人才，重点是培育人才团队。面对愈演愈烈的国际人才争夺战，应瞄准世界科技前沿，加快集聚一批站在行业科技前沿、具有国际视野的领军人才。

良好的环境和制度优势是人才开放的重要前提和基础，是引领、促进人才开放持续、均衡、高效发展的动力之源。扩大人才开放，就是要采取更加灵活、务实和高效的人才政策和人才制度，进一步发挥市场对人才要素配置的决定作用，实现人才效益最大化和效率最优化；同时要创造宽松和谐的人才环境，在全社会积极营造鼓励大胆创新、勇于创新、包容创新的良好氛围，既要重视成功，更要宽容失败，完善好人才评价指挥棒作用，为人才发挥作用、施展才华提供更加广阔的天地。人才是经济社会发展的第一资源，人才培养、使用和流动既受市场规律的影响，也受人才自身成长规律的制约。择天下英才而用之，必须“遵循社会主义市场经济规律和人才成长规律”，按照人才成长规律改进人才培养机制，认识和把握人才流动规律，遵循国际人才流动规律，促进人才资源合理有序流动。

四、人才引进必须坚持以用为本

我国现阶段人才开放主要包括三个层面：一是引进外国人中的高端人才；二是引进海外高层次留学人才；三是引进海外华侨中的高层次人才。人才引进关键在于“用”，必须坚持以用为本，做到量才授职，精准用才。因此，要紧密结合中国经济发展实际引进人才，建立符合国际惯例的用人机制。要结合中国发展需要，完善外国人才引进体制机制，为外国专家施展才能、实现事业梦想提供更加广阔的舞台。因此，各级党委和政府要秉承“不求所有、但求所用”，牢固树立柔性的用人观念，搭建多元化平台，拓宽吸引人才和智力的渠道，鼓励外国优秀人才以多种方式为中国经济社会发展服务。

展望当今世界，人才无疆界，人才全球化、人才国际流动方兴未艾。特别是2008年国际金融危机发生后，各国之间“人才战争”的硝烟更加浓烈，形势异常严峻。在这种背景下，党的十八大发出“广开进贤之路，广纳天下英才”的号召，强调要“充分开发利用国内国际人才资源，积极引进和用好海外人才”。党的十八大之后，中央更加重视引进国外人才和智力工作。

“择天下英才而用之”的一个重要出发点就是“中国要永远做一个学习大国，不论发展到什么水平都虚心向世界各国人民学习，以更加开放包容的姿态，加强同世界各国的互容、互鉴、互通，不断把对外开放提高到新的水平”。一个国家对外开放，必须首先推进人的对外开放，特别是人才的对外开放。要从整个对外开放和文明交流的广阔视角，发展中国特色社会主义对外开放理论体系，丰富和拓展我国对外开放内涵，进一步完善国家对外开放的战略布局，明确我国对外开放中的人才优先战略选择，彰显了我们党广纳天下英才的博大胸怀，将引进国外人才和智力提升到了前所未有的高度。

第四节　全方位推进人才开放战略的措施

一、完善人才立法，推进人才开放工作的法治化

推进人才开放工作，必须完善人才立法，构建具有中国特色的人才法律法规体系，实现人才开放工作的法治化。完善人才立法，一要明确政府、用人单位和人才个体在人才工作中的权利和义务，保护人才的合法权益。二要全面实施人才工作许可制度，注重人才工作许可制度与人才签证和居留制度的衔接，形成既有中国特色又具有国际竞争力的人才制度优势。三要尽快制定《外国人在中国工作管理条例》，建立健全外国人来华工作指导目录、外国人和用人单位信用管理制度，按照市场需求完善外国人来华工作分类标准。四要制定人才签证实施细则，丰富人才签证的优惠内容，探索制定技术移民法律制度，在高层次海外人才中探索特殊护照制度。

二、加强人才市场化体系建设

推进人才开放发展，必须加强人才市场体系建设。一是构建多层次的人才市场体系，全面保障和落实国有企业、高校、科研院所等企事业单位的用人自主权，强化国企、高校等用人单位在人才引进、开发和使用的主体功能。二是积极推进国际人才市场建设，实行政事分开、政企分开，以国际人才市场建设带动各类人才市场建设。三是完善市场服务功能，强化政府宏观调控，保证市场主体公平竞争，促进人才自主择业，积极培育知识产权交易市场和风险投资市场，支撑人才作用发挥。

三、强化政府服务调控功能

推进人才开放发展，努力形成政府调控作用与市场决定作用的有机统一和相互补充。一是健全政府、用人主体和社会多元化投入机制。政府通过制定相关激励政策，支持引导企业、用人主体和社会有关方面加大引进人才的投入，政府的投入更多地用于基础前沿研究、共性关键技术以及国家安全方面。二是推进互联网＋政务服务建设。利用大数据技术，整合分散在各地区、各部门、各单位的海外人才信息与资源，构建海外人才资源信息共享机制。利用大数据，制定人才需求目录，实现人才供需对接。三是加强人才市场监管。运用大数据加强对市场主体监管，提升监管效能，健全守信激励和失信惩戒机制；整合公

共资源，优化人才开放服务内容，创新人才开放服务供给方式，满足人才需求。

四、优化人才成长环境

人才健康成长离不开良好的环境。优化人才成长环境一要营造尊重人才的社会环境。在全社会形成尊重知识、尊重人才的良好社会氛围，增强服务意识，搭建多元化创新平台，使人才充分释放出最大能量。二要营造勇于创新、鼓励成功、宽容失败的工作环境，对失败者给予宽容，帮助他们树立信心，总结经验教训，继续大胆探索。三要营造待遇适当、无后顾之忧的生活环境，帮助他们解决好住房、医疗、子女教育和就业方面的实际问题，使之能集中精力安心工作。四要营造公开平等、竞争择优的制度环境，通过深化人才体制改革，破除壁垒，扫除障碍，让人才在公平公开的环境中平等竞争，做到人尽其才，才尽其用。

五、构建开放式多元化人才培养模式

推进人才开放发展，构建开放式多元化的人才培养模式。一是人才培养应注重“三个结合”，即产学研结合、项目建设与人才培养结合、国内培养与国外留学结合，实现人才培养的开放式多元化。二是促进留学生教育事业的发展，进一步扩大来华留学规模和公派出国留学规模，完善出入境制度和措施，支持和引导高校、科研院所与国外著名高校、科研机构实行联合培养，建立研发基地。三是注重人才培养与重点领域产业布局相结合，实现产业链、创新链与人才链的精准对接，在亟待创新的产业上实现“见人又见物”。

第六章 建设高素质青年人才队伍

无论是动荡年代，还是和平年代，青年都是社会各政治势力想夺取的对象。青年自身所具备的特质和优势就决定了这一群体自带的历史使命和时代担当。经实践证明，青年是推动社会革命和改革最具活力和最富有干劲的一股力量，赢得青年，就赢得胜利。因此，中国共产党历届核心领导人十分关心和关注这一群体的最新发展动态，坚持以青年为本，助力国家发展的战略眼光，将青年的成长成才纳入国家发展、社会稳定、民族繁荣的重要一环。我国已经步入新时代，世情、国情、党情已经发生了深刻的变化，但不变的是党对青年这一群体的关心和关爱。随着全球化进程的加快，我国与其他国家交流交融变得越发的深刻和频繁。一方面，这给我国的社会发展带来了许多机会，另一方面也给我国的社会带来了一定的消极影响。部分青年自带的弱势和不足导致他们“不同程度地存在政治信仰迷茫、理想信念模糊、价值取向扭曲、诚信意识淡薄、社会责任感缺乏、艰苦奋斗精神淡化、团结协作观念较差、心理素质欠佳等现象”，针对青年群体出现的一些不良现象，我们需要从根本上出发，加强青年价值观教育和能力培养，引导广大青年能成为理想信念坚定、思想政治素养高、勤学多思有本事、创新创造能力强、艰苦奋斗品格高的好青年，进而使青年顺利成才。

第一节 建设高素质青年人才队伍的背景和理论渊源

在中国特色社会主义进入新时代的条件下，我们要针对现状，积极推进青年人才工作的实践探索。为此首先要研究建设高素质青年人才队伍的背景和党关心青年人才成才的理论渊源。

一、建设高素质青年人才队伍的背景

建设高素质青年人才队伍，就必须深入研究，全面、系统地把握不同人才的成长规律，加快青年人才队伍建设。

（一）建设高素质青年人才队伍的国际背景

国际环境是促进思想发展的一个重要因素，只有科学全面地分析高素质青年人才队伍构建的国际背景，才能对其的产生和发展进行深刻的认识和理解。

人才资源成为国际竞争的潜在力量。现在我国处在新时代，与世界各国的关系也发生了改变。国家与国家之间以前所未有的速度逐渐加深联系，合作共赢逐渐成为世界各国共同的追求，这给发展中国家带来了前所未有的发展机遇。必须要承认的是，在各国发展中，科技扮演着重要角色，发挥的作用也越来越大，推动各国成为你中有我、我中有你的命运共同体。在这个命运共同体中，各国与各国之间既是合作伙伴关系也是竞争对手关系，而这种竞争越来越表现为各国之间人才资源的较量。也就是说一个国家想要在国际竞争中占据有利地位，就要有人才优势。人才资源在国际竞争中彰显出的重要性让各国都越发重视人才。

全球化给青年人才的价值观带来了一定冲击。青年人才价值观是青年人才价值取向的反映，如果价值取向有问题，青年人才的发展也会遇到问题。随着经济全球化的加速发展，青年人才的交流也突破了地域限制，中国青年人才走出去、外国青年人才引进来是必然趋势。处在新时代的青年人才更加熟悉互联网等新媒体工具，除了面对面交流，全世界的青年人才还可以通过互联网进行交流互动。互联网＋时代一方面打开了青年人才与世界交流的渠道，增加与外面世界接触的机会，另一方面也给青年人才带来了意识形态上的隐患。因为青年时期正是价值观形成的关键时期，但是西方国家的“和平演变”一直都存在，他们通过各种手段抹黑中国来达到自己的政治目的，企图用错误的思想诱导广大青年。这对于一些缺乏政治常识和辨别能力的青年来说，结果是不堪设想的。有些人可能会被“洗脑”，进而危害我们国家的稳定。所以要加强对青年人才的思想教育，引导青年人才树立正确的价值观念。

当今世界正处于大变革、大发展、大调整的过程中，中国离不开全球化，全球化也无法隔离中国。随着全球化的进一步发展，机遇和冲突也接踵而来。国家与国家之间的价值观念进行碰撞，发生了翻天覆地的变化。作为国家发展的中坚力量的青年人才只有坚定理想信念，寻求自身发展的实现途径，才能在全球化的过程中站稳脚跟。

（二）构建高素质青年人才队伍的国内背景

十八大以来，我国面貌发生改变，呈现出新的态势，“新常态”成为大家讨论的关键点。紧接着“中国梦”“两个一百年”“四个全面”“新时代中国特色社会主义”等新词汇接踵而来。随着我国的发展进步，青年人才也被赋予了新的时代使命。

十八大以来，中国梦成为全民热议的名词。这个梦想不单单是国家的梦想，更是每一个中国人的梦想，实现这个梦想需要每一位中国人的努力。广大青年人才更是要为实现这个梦想不断奋斗，因为这是新时代赋予青年人才的使命和责任。而作为国家未来、民族希望的广大青年人才，无疑为实现这一梦想注入了一定强心剂。如今是我们国家发展的关键时期，可以说我们国家距离实现中华民族伟大复兴的目标比任何时期都要近。所以，我们应该更有能力和自信心去实现这个目标。在这个时候国家要动员广大青年人才为之奋斗，广大青年人才也要敢于担当如此重任。目标的实现需要付出很多努力，青年要努力拼搏，在热血青春中历练自己，抒写无愧于时代的壮丽篇章。而国家要在这一关键时期紧抓青年学生的教育，培养一批适合时代和中国发展需要的青年人才。

青年人才是国家的希望、民族的未来，他们满怀热情，挥洒青春。但是青年人才作为青年群体也有其自身劣势和弱点，他们主要是通过理论学习掌握知识，缺乏实践经验。进入社会后，他们解决问题和困难的经验不足。对于青年人才，我们要从全面、整体上进行把握，既要看到青年人才自身的潜力，又不能忽视青年人才身上存在的弱点。

青年与其他群体相比更具生机和活力，他们思维活跃，敢想敢做，喜欢通过创新来打破桎梏以证明自己的价值。他们是社会建设的生力军，根据社会的发展需要，能够迅速做出判断，在创新中实现进步。如果说行动力是青年的优势，那么感性就是青年的劣势，尤其面对新事物。青年人才拥有改变世界的能力，同时也拥有掌控未来的欲望，如何让青年人才正确展现自己的能力，发挥自己的才华，同时又能合理掌控自己的欲望？这就需要国家对其进行教育和引导。除此之外，由于青年人才还处在由不成熟向成熟的过渡时期，价值观尚未成型，缺乏辨别能力，意志力不够坚定，他们的想法会因为外界因素随时发生变化。解决这一问题最好的办法就是加强对青年的思想教育，教育青年要坚定理想信念。青年的价值观发展趋向会影响整个社会的价值趋势。

二、建设高素质青年人才队伍的理论渊源

（一）马克思、恩格斯、列宁关于青年人才的相关思想

马克思、恩格斯一生都为解放全人类奋斗，参加各种革命活动。在革命活动中，马克思、恩格斯都关注到了青年人才的重要性，并且开始关注青年成长。但是经过查阅，笔者发现马克思、恩格斯对青年人才问题的论述是零散的，并没有形成系统的论述。但是无论身处哪个时代，青年的影响力都不容小觑。19世纪，青年作为社会变革和无产阶级革命的重要力量，在现代化生产中发挥了重要作用。因此，马克思和恩格斯也从多个角度提出很多关于青年的思想观点。这些观点为当代青年人才思想的形成奠定了理论基础。列宁关于青年人才的思想是在坚持和发展马克思主义青年人才思想的基础上演变而来的。在俄国革命过程中，列宁看到了青年人才发挥的重大作用，站在历史角度上强调要重视和培养青年。

1. 重视青年人才的地位与作用

马克思、恩格斯从社会历史发展的角度阐述了青年人才的地位和作用。恩格斯指出，正在成长的年轻一代在未来的某一时期能够解决正在激化的矛盾。这里的他们就是指青年群体。青年群体相比其他群体，思想更超前，更容易接受新事物；遇到问题不会轻易放弃，善于寻求新方法，找出路；遭遇不公平待遇时也敢反抗压迫，为自己争取应得的利益。在革命过程中，青年人才在革命建设中成为中流砥柱。

恩格斯高度肯定青年人才的重要性，他认为接受过高等教育的青年人才是一个国家的希望，尤其是掌握了技术的青年人才。这些青年人才在党内同志的帮助下能够丰富壮大无产阶级，继而担当起改变世界的历史使命。

列宁认为，青年人才壮大了革命队伍，给俄国革命增加了力量。俄国革命的特殊性决定了其复杂性和长期性，在这场革命中，青年人才发挥了至关重要的作用。

2. 重视青年人才的全面发展

人的全面发展理论是马克思主义理论的重要内容之一，也是青年成长成才的理论基础。所以，青年人才的成长必须以人的全面发展为核心。全面发展的青年人才对于推动国家发展，助力社会进步具有重要意义，他们是发展无产阶级事业需要的人才。因此，国家要重视青年人才的全面发展。马克思畅想的未来社会应该是“每个人都能自由全面地发展”。

人才作为社会发展的推动力，能够助力社会向前发展。实践证明，任何时代都需要大量青年人才，也会产生人才，正所谓时势造英雄。马克思明确指出，时代需要人物也会创造人物，这个人物就是领导者，带领大家向前发展。所以想要推动历史进步，就需要人物，而人物需要在实践中培养，培养青年人才全面发展就是为发展积攒最具竞争力的资本。人的全面发展是脑力与体力充分协调的发展，就像天平的两端，只要其中一端出现问题，天平就无法保持平衡。所以青年人才在接受知识教育的同时也要锻炼身体，做到劳逸结合。

3. 重视青年人才的择业观

正确的择业观对于青年人才来说非常重要。从学校毕业进入社会，青年人才面临的第一个选择就是找工作。那么如何选择职业？这个问题解决得如何，影响着青年人才的未来规划和发展。

马克思在初中时就提出了自己关于青年在做职业选择时的观点和看法，并将其作为自己的毕业论文。青年在选择职业时要避免“狂热地追求我们以为是神本身给我们指出的目标”。要认真考虑，保持理性头脑，做出正确的选择。俗话说，兴趣是最好的老师，在求职之前要认清自己。在全面了解情况后，如果“仍然对它充满热情，我们仍然爱它，觉得自己适合它，那时我们就应该选择它”。如果我们轻视这件事，在选择工作前不自我审视、不了解情况，随意选择，“那么这个选择会给我们带来不好的结果”。最后，马克思指出，青年人才理想的职业是终其一生为人类发展奋斗，这份事业会很辛苦但也是幸福的。一个人选择职业如果只考虑自己、只考虑物质利益，也许会获取一番成就，但不会成为伟人。因为历史记录的是那些为人类共同目标奋斗一生的人，为人类带来幸福的人。

4. 合理使用青年人才

每个人都有自己擅长的领域和不擅长的领域，青年人才也是一样，因为没有人是十全十美的。所以在青年人才使用方面，列宁认为要有针对性，考虑每一位青年人才的实际情况，充分发挥每一位青年人才的特长，让其在擅长的领域发光发热。合理使用青年人才的重要一环就是使人才在市场中自由合理地流动。人才流动是为了更好地使青年人才与其工作岗位匹配，发挥其才能。人才流动合理有序，青年人才的发展、使用才能进一步完善。在取得革命胜利初期，俄国在经济、政治、科技等方面急迫地需要发展。但不同领域所需要的人才也不同，所以要合理地使用青年人才。除此之外，列宁还告诫青年一代要多听老一代在工作中的建议和意见，多向老一辈革命家学习，虚心接受他们的指导。

青年人才无论是在工作还是生活中都要量力而行，不做超出自己能力范围内的事情，努力将自己所学的知识和技能都投入国家的建设中。

（二）我国青年人才思想的发展

新中国成立以来，我国十分关注青年人才，将国家未来的发展希望寄托在了青年人才身上。在社会主义建设中，我国在马克思主义青年人才思想的基础上结合本国实际，形成了具有中国特色的关于青年人才的思想、观点。

1. 第一阶段

新中国成立初期，我国需要人才为社会主义建设提供支持。青年人才是革命斗争的先行者。在新中国成立之前，国家处于动荡不安的时代。革命斗争改变了人们的思想，使其明白只有解放思想、接受新知识、学习新技术、培养大批人才才能改变中国现状，推动社会发展。1919 年前后，西方列强加快了对中国侵略的步伐。巴黎和会上，中国作为战胜国出席会议却被要求签订不平等条例。消息传到国内引起了中国人民的愤怒和反对，也成为青年学生发起“五四运动”的导火索，由此拉开了全国爱国运动的序幕。爱国运动的影响一时间波及全国，再加上自身参与运动的经历，青年时期的毛泽东很快认识到青年人才的先行作用。中国共产党成立后，在党的领导下，中国青年运动改变了以往自发、零散的状态，与工农群众相结合，进一步扩大了影响力。

青年人要有坚定的政治方向。走什么样的道路，往哪个方向前进，是对青年政治信念坚不坚定的考验。青年人才只有坚定正确的政治方向，才不会在革命、建设中走偏方向，才能在革命过程中遇到困难不动摇，为革命事业奋斗终身。只有树立了坚定的政治信念的青年才能算是模范青年，才是革命运动需要的青年人才。拥有“坚定的政治方向”，无论是在革命还是建设时期都是青年干部人才选拔的参考条件。

国家建设需要“身体好、学习好、工作好”的青年人才。身体是革命的本钱，只有身体好，才能展开其他工作。青年人才进行革命、建设，参加学习工作，这一切都要以他们具备良好的身体素质为前提。所以，新中国成立以后，国家提出广大青年人才首先要锻炼好身体，然后做到学习好知识、完成好工作的要求。新中国成立初期，马叙伦在报告中指出学生健康状况水平不高，与以往相比甚至有所下降。针对这个情况，国家领导人随即号召各个学校要注意学生身体素质，坚持把学生的身体健康放在第一位，学校要适当安排青年学生进行体能训练，因为一个健康的体魄是实现一切美好愿望的基础。想要参加革命的青年人才更应该把身体锻炼好，这样才能不被困难打倒。青年正值学习、长身体的黄金时期，学习知识固然重要，但学习的负担不宜过重，青年人才要学会劳逸结合，时刻把身体健康放在第一位。身体好才能继续学习，为国效力。新中国成立初期，国家的经济政治等领域都需要发展。在国家基础薄弱的条件下，要想推动社会主义建设和发展，就必须学习知识，而作为中国青年，只有努力学习马克思主义和科学文化知识，才能成为为国效力的有用之才。

2. 第二阶段

在革命和建设中，邓小平同志对青年人才的历史地位和作用有着十分清楚的认识。要解决青年人才的工作问题就要立足中国实际情况，所以不能将马克思主义人才思想直接用在中国青年人才身上。那么如何教育培养以及选拔使用青年人才？针对这些问题邓小平同志发表了很多观点和看法，为青年人才思想奠定了思想基础。

营造尊重知识、尊重人才的社会风气。国家曾因对教育不够重视，致使在国家建设中出现人才荒的现象。为了杜绝此类现象的再次发生，国家要为青年的成长成才营造良好的社会环境，尊重知识、尊重人才的良好风气有利于青年人才成长，调动他们在学习工作中的积极性。那么如何发挥青年人才的积极性？就是要认可知识劳动的价值，要维护青年人才的利益，使他们收获应得的待遇和地位，要尊重、爱护和鼓励青年人才，帮助他们进步成长。

“三个面向”培养“四有”青年人才。20 世纪 80 年代，国家提出“教育要面向现代化、面向世界、面向未来”。“三个面向”的提出确立了新时期中国教育的发展方向，也为青年人才工作指明了方向。面向现代化是指教育的发展要为现代化建设服务，要为现代化建设输送青年人才。面向世界是指国家培养的青年人才能够适应世界经济、政治、文化、科技等发展趋势。面向未来是指青年人才的培养要有目标有规划。因为当时中国经济并不发达，投资教育、搞科研、培养青年人才不能只关注眼前利益，要保证社会的可持续发展。在培养青年人才方面，“有理想、有道德、有文化、有纪律”的四有青年是国家培养青年人才的目标。在这四条里面，有理想是被强调次数最多的一次，有理想才有动力。青年人才要对建设中国特色社会主义充满信心，要有实现社会主义现代化的共同理想和实现共产主义的远大理想。有道德就是要求青年人才继承和发扬中国传统美德，树立崇高的道德标准，热爱祖国。有文化就是要求广大青年人才要努力学习，学习最前沿的文化知识和专业技能，并把这些知识、技能运用到国家建设的实践中去。有纪律是指青年人才要自我要求，在享受公民权利时自觉履行公民义务，做到不违反党和国家的法律法规。

3. 第三阶段

20 世纪 90 年代，我国改革开放进一步深化发展，取得了显著成果。但是国内外风云变幻，竞争也越来越激烈，社会主义现代化建设也面临着前所未有的机遇和挑战。在竞争中，青年人才发挥的作用和优势也越发明显。青年人才作为国家和民族的未来，只有青年人才发展好，我们国家才能发展好，民族才有锦绣未来。

树立人才资源是第一资源的思想。在新的历史条件下，青年人才是国家和民族的未来，肩负着改革开放和社会主义现代化建设赋予的使命，所以党要从培养青年人才着手展开青年人才工作。人才资源将成为国家发展的第一资源，国家要为青年人才的成长创造条件。随着社会发展以及国家对教育发展的投入，尊重知识、尊重人才，关心和爱护广大青年，培养和大胆使用青年人才的良好风气已逐渐形成。培养青年人才主要侧重在培养青年人才的创新能力。随着世界全球化的发展，各国之间的竞争日益剧增，而创新精神也越来越成为赢得竞争的筹码。所以，提高国际竞争力的重任自然落在最具有创新和活力的青年人才身上。除此之外，“四有”新人的培养目标在结合社会主义现代化建设需要的基础上，上升到社会主义精神文明建设的高度。“四有”新人的阐述不仅深化了大家对培养青年人才目标的认识，也为建设社会主义精神指明了方向。

培养青年科技人才、选拔青年干部。20 世纪 90 年代中后期，世界正在经历着新科技革命，能否在科技发展上占据优势，将最终决定着该国家在国际竞争中是否占据优势，而国际竞争的根本就是科技和人才的较量。在现代化建设中，科技和人才是关键。“科教兴国”发展战略的提出，说明国家对科技和教育的重视，逐步将其放在经济发挥的显著位置上，为青年科技人才提供发展舞台。而广大青年也要脚踏实地、认真学习科学知识，以优秀的科学家为榜样，潜心钻研技术，用于创新，为国家科技发展流下自己的汗水。青年干部选拔问题一直都是党和国家关心的大事，老一辈无产阶级革命家十分关心青年干部的选拔问题，希望能够选拔出优秀青年干部来继承党的事业。现阶段我国的改革开放已经取得了一定成果，这个时候对干部队伍进行改革，使其年轻化是非常重要的。所以要提拔一批专业素质高、文化水平高、革命觉悟高的青年干部人才进入领导班子。选拔青年干部不仅要打破条条框框，改变旧观念，而且老干部要以身作则，承担起前辈责任，多提携青年干部，为党的领导层注入新鲜血液。但是青年干部多缺乏实践经验，所以，青年干部要敢于到基层锻炼自己，让自己在困难中接受考验。

4. 第四阶段

党的事业和国家的发展离不开青年人才。所以党和国家要正确认识青年人才在社会发展中的作用，重视青年人才的社会价值。国家要重视和培养青年成长成才，为社会主义现代化建设输出一批高质量青年人才。

重视青年人才思想教育。要加强青年人才的理想信念教育，人要是没有了理想，也就失去了前进的动力。要加强青年人才对传统优秀文化的学习，增强他们的民族自信心和凝聚力。还要加强对青年人才的思想道德教育，传承中国优良传统。要加强青年人才的素质教育，在学习科学文化知识的同时要加强身体锻炼。在价值观念日益多元化的背景下，青年人才成为西方敌对势力关注的对象，他们企图通过宣传他们自己的思想文化、价值观念，让中国青年人才认同他们的政治文化制度，进而为他们服务。一些青年人才缺乏社会实践，无法准确辨别西方敌对势力的虚假，所以党和国家要帮助青年人才树立正确的价值观，加强社会主义核心价值体系教育。社会主义核心价值体系包含了社会上所有人的价值共识，对于中国人来说，社会主义核心价值观体系就是一面精神旗帜。青年人才要牢固树立社会主义核心价值体系这一精神旗帜，坚定自己的理想信念，识破西方敌对势力的糖衣炮弹。

青年人才是人才强国战略实施的重点。培养更多的青年人才，用好每一位青年人才是党和国家比较关心的问题。这些问题与党和国家的发展息息相关。人才问题解决好了，国家的发展也会越来越好，后劲十足。所以国家要把人才强国战略作为一项重大任务去贯彻和执行，不能轻视。在落实人才强国战略的过程中，青年人才是大家关注的重点。要从青年人才入手发掘更多的人才资源。整个社会都要为青年人才的成长服务，努力为他们营造出更好的成长环境。相关方面要自觉承担起保护青年人才健康成长的重要使命，为国家培养更多的优秀的青年人才。开拓青年人才的类型，各个领域都要有专业人才，如科技领域的青年人才、政治领域中的青年人才以及经济、法治等领域中的青年人才。青年人才的最终发展就是要成为新时代的标杆，要有坚定的信念，远大的抱负，高超的技术和锐意进取的上进心。

在培养青年后要选拔出优秀的青年人才并委以重任，为国家发展创造价值。这样才能最优化完成人才工作，落实人才强国战略。在进行人才选拔时，首先要对青年人才有一个正确的认识，也就是说要树立正确的人才观。青年人才在成长的过程中需要外界的帮助，通过他人的指导明确自己的理想并为之不断进取奋斗。在学习理论知识后，青年人才要学会将其内化理解，并且灵活运用，提升自身素养。促进青年人才全面发展，在就业方面，积极引导青年人才进行就业，让他们能够在各自擅长的领域发挥其才能。党和国家还要完善青年人才管理模式，要推荐和任用优秀青年人才。积极主动为青年人才提供展示能力的机会，为他们的进步搭桥铺路，让优秀的青年人才从人群中脱颖而出。国家的发展归根到底是要靠人才，在几代青年人才的努力奋斗下，实现中华民族伟大复兴指日可待。

（三）中国传统文化中蕴含的青年人才思想

从古至今，我国五千多年历史孕育出了很多优秀文化。这些优秀的中国传统文化为各种理论思想提供了文化土壤。深入探析中国传统文化，能够发掘出很多关于青年人才的思想观点。例如，在推荐优秀人才方面讲究“任人唯贤”“德才兼备”；通过文武考试，选拔出有才华的人；按照每个人的特点，发挥其所长，“因人制宜”。

德才兼备自古以来都是人才选拔的标准，春秋时期，被喻为“华夏第一相”的管仲曾提出，君王选拔人才一定要考查清楚三个问题，即他的品德、才能和功绩能否让其在其位、谋其政、做其事。北宋时期，司马光进一步阐释了这一标准，他认为德与才不是并列关系。“才者，德之资也；德者，才之帅也”，即德与才之间是统帅与被统帅的关系。德才双全的人被称为圣人，德才全无的人是愚钝的，有德而欠缺才能的人可以称为君子，如果有才却没有德行那多是小人，是“国之乱臣，家之败子”。无论是管仲还是司马光，他们所提倡的人才都是德行与才能兼修的。作为我国传统文化中的人才选拔思想——德才兼备，在今天仍然具有重要价值。

人才需要尊重，更需要培养。培养创新型青年人才，激发他们的创造潜力，促使他们为社会做更多的贡献。儒家学派创始人孔子是最早践行培养青年人才创新性的人，在教学过程中，孔子认为在学生开始思考时，教师要学会让其独立思考，不要过早地启发学生。要等到他经过努力思考还是不明白的时候再去指点一二。教学的最理想的状态就是学生能够举一反三，如果他们做不到这样，作为教师也不要一而再、再而三地举例说明。教学就是让学生主动思考、主动创新。也就是说在教育方面，教师不能“一言堂”地给学生灌输，而是要启发学生自己去思考和琢磨，激发学生学习的兴趣，进而提高学生的思维能力。青年人才有创新思维才能创造出更大价值，培养创新型青年人才就要提高青年人才的积极性和主动性。中国优秀的传统文化经过五千多年的积累与沉淀，是我们的精神财富。

第二节　新时代高素质青年人才队伍建设的基本要求

一、青年人才工作使命与责任

青年人才在国家和民族的发展中具有重要作用，是国家和民族的希望和未来。正是基于对青年人才的正确认识，党和国家历代领导人都十分关心青年的成长成才。青年人才正处在精力最旺盛的阶段，他们身上具有无限待开发的开拓性和创造性，是社会发展中最具潜力的群体。青年人才要用热血青春推动世界进步、国家发展、民族振兴，他们身上肩负的是国家命运。每一个时代的青年肩膀上都有不可推卸的时代使命和责任，他们的选择是义无反顾地扛起责任，在时代的大江大河中施展拳脚、规划人生、展望未来。在迈入新时代的今天，青年人才身上肩负着国家、民族和世界的三重责任。

（一）实现中国梦的国家责任

当前我国青年人才的使命必须要同新时期我国实际情况结合起来，必须要同当前党和人民的发展事业和奋斗目标结合起来。离开我国发展的实际情况、离开党和人民的怀抱，青年人才的使命如同没有源头的水、没有根基的树木，会失去组织基础和现实基础。

在革命战争年代，求得民族独立和人民解放，拯救处于水深火热中的国家，是广大青年人才的使命。在和平年代，变化的是具体使命和责任，不变的是青年人才同样要担当起使命与责任。新时期，推动全面建成小康社会、实现中华民族伟大复兴的中国梦就是青年人才新的使命与责任。党和国家希望广大青年人才要勇敢地担当起这个责任，不负党和国家的期望。当代中国青年人才首先要思考的问题就是国家、民族、人民的归途。国家向何处发展？民族的未来在哪里？人民如何过上幸福生活？全面建设社会主义现代化给当代青年人才提供了施展才华的舞台，借助舞台他们可以实现建功立业的梦想。广大青年人才要抓住机遇，主宰命运，积极融入社会发展中来，与时代共同进退。“每一代青年都有自己的际遇和机缘”，青年人才群体要时刻关注世界格局动态，关心和了解国家大事，尤其是与自己生活息息相关的事情。青年人才作为最受关注的群体，在享受国家发展带来的福利时也要承担相应的社会责任。

国家的命运就是每一个人的命运，广大青年人才要有与国家共命运的意识，在时代浪潮中锐意进取，完成使命。中国梦不单单是国家的梦想，也是每一个中国人的梦想。青年人才要把自己的梦想与实现中华民族伟大复兴的梦想紧密联系起来，朝着这个目标奋斗。“得其大者可以兼其小”，青年人才为国家和民族事业奋斗也就是为实现自己远大理想而奋斗。只有这样，青年人才才能成就一番事业。也就是说，实现中华民族伟大复兴的奋斗过程就是广大青年人才赢得出彩人生的过程。终有一日，这个目标将在广大青年人才的不断奋斗中变为现实。

随着社会的发展，青年人才逐渐成为实现中华民族伟大复兴的中坚力量。青年要想成为真正的社会栋梁，就要在完成时代赋予的使命中实现自己的个人价值和社会价值。今天的青年人才距离实现中华民族伟大复兴中国梦这个目标比前辈更近，他们终将成为中国梦的实践者和见证者。青年人才群体最具创造力和创新力，广大青年人才要不辱时代使命，要有责任意识和担当意识，不断地为梦想奋斗。广大青年人才面对时代给予的重要任务时，要心存敬畏，一步一个脚印地稳步向前，在实现中华民族伟大复兴的实践中完成人生梦想。

（二）弘扬中华优秀文化的民族责任

一个国家的发展离不开文化，只有文化得到传播和发展，这个国家才能兴旺起来，民族才能强大起来。如果文化没落，那么国家就会失去文化自信，没有文化自信，就很难实现民族复兴。新时代，弘扬中华优秀文化对于青年人才来说义不容辞。国家要展开宣传教育，教育青年人才要坚定理想信念，加强对青年人才的以爱国主义为核心的民族精神和以改革创新为核心的时代精神教育，增强青年人才的爱国情怀；多展开宣传教育，增强青年人才的国家意识、社会意识和集体意识，帮助他们正确认识国家、民族、社会和文化。正确的历史观、民族观、国家观、文化观可以帮助我们正确认知历史，成为奋力开拓未来的重要精神力量。青年人才可以在文化传承中不断加深自己对民族的认知，增强青年人才的民族归属感和依赖感。中国已经进入了新时代，此时更加需要每一位中华儿女在中华优秀文化中探寻国家发展的途径和方案，而作为实现中国梦的弄潮儿，青年人才更应该参与其中，担当起时代赋予的传承中华优秀文化的民族责任。

中华文化在五千年历史的长河中薪火相传，从未中断，是中华民族最深厚的文化软实力和精神命脉。历代国家领导人都非常重视文化的传承与发展。十九大提出，要坚定文化自信，推动社会主义文化发展。青年一代有文化自信、坚定理想信念、能担当时代重任，国家和民族的发展就有未来。所以广大青年人才要坚定文化自信，从我做起，让优秀文化通过自己传承下去。中华优秀文化是中华民族的精神标识，青年人才如何弘扬中华优秀文化？最关键的是要让青年人才真正了解和掌握中华文化，让其在心里生根发芽。因此，广大青年人才要加强学习，学习中华民族传统文化，只有掌握真才实学，才能担当重任。

青年人才的成长离不开家庭教育，每个家庭在教育孩子学识做人时会自然而然地形成家训家规，这也是传承中华文化的一种方式。在上学之前，孩子接受的教育来自父母，他们是孩子人生开始的启蒙老师。有什么样的家教，就会有什么样的孩子。战争年代，很多家庭的教育理念就是男儿志在四方，大丈夫要到战场上拼杀。和平建设时期，很多家庭将国家建设放在第一位，时刻关心国家大事，为了大家可以舍弃自己的小家庭。这些都体现出很多家庭的国家情怀。家庭教育影响孩子责任感的形成，良好的家风对民族发展起到的是积极促进的作用。岳飞精忠报国的故事便是很好的说明。在国家处于危难之际，岳母支持儿子上战场，并将“精忠报国”四个大字刻在岳飞的背后，鼓舞激励岳飞为国效力。

一个民族的发展离不开文化，文化就是一个民族的精神命脉。我们国家现在提倡的社会主义核心价值观就是从文化中繁衍而来的。只有将中华优秀文化弘扬出去，让全世界了解中国文化，我们才能在世界文化中站稳脚跟。所以当代青年人才要做的就是坚定文化自信，向世界展示中华优秀文化的魅力，不断将其发扬光大。

（三）构建人类命运共同体的世界责任

随着各个国家的交流与发展，世界逐渐成为“你中有我、我中有你”的命运共同体。梦想的实现需要一个和平、稳定的环境，同样，无论是中国梦还是各个国家的梦想，他们的实现都离不开良好的国际环境。人类命运共同体的一个重要内涵就是任何一个国家和地区都有谋求生存与发展的权利，但是，每个国家谋求发展不能只看眼前或局部利益，要将目光放长远、放在整体上，要有整体意识。要实现持久发展，就要平衡好国内国际两个大局，奉行互利共赢的合作战略。人类命运共同体不仅仅是人与人之间的关系，还包括人与自然之间的关系，所以不能为了发展而破坏生存环境，要构筑崇尚自然、绿色发展的生态体系。

世界的未来是属于年轻一代的。从全球范围看，青年人才是推进人类和平发展的重要力量。在推动世界共同进步过程中，全球青年人才要树立远大抱负，担当起世界赋予青年人才的责任。在国际交流中，青年人才要有包容、宽厚的胸怀，相互欣赏和学习，而不是抨击和指责。科技只有交流共享才能进步，故步自封永远只会停滞不前。青年之间交流起来更加方便和高效，在很多方面，青年有更多的话题，所以各国青年要抓住交流机会，积极为构建人类命运共同体贡献一分力量。青年人才在各国交往中有着非常重要的作用，青年人惺惺相惜，在传承人类文明、维护世界和平等方面能够更好地交流、学习，所以说青年人才肩负着推动世界和平的重任。

我国社会的主要矛盾发生了转变，人们对美好生活的需求与日俱增。我国要建设现代化强国，不仅需要提升经济政治社会的发展水平，还要关注生态环境，提升生态文明。生态保护需要世界各国青年的努力，因为生态问题是全球性问题，需要从人类命运共同体的战略高度去审视它的价值和意义。未来是属于青年一代的，世界各国的青年要相互了解，用欣赏包容互鉴的态度看待世界，传承各自文明，共同维护我们的世界。人类文明的传承离不开文明之间的相互借鉴和学习，每一个文明的产生都有其自身的价值，是劳动人民的智慧结晶。青年人才要肩负起传承人类文明的责任，让本国文明走出去，学习他国优秀文明，为构建人类命运共同体添砖加瓦。

二、青年人才自身素质与发展要求

一名优秀的青年人才要具备较高的素质。因为青年的素质水平影响整个社会的素质水平，从而影响中国梦的实现。所以培养青年人才的自身素质尤为重要。人的成长受外部环境的影响，但最终成长为什么样子，根本原因还在于其本人。内因是事物发展的根本原因，而外部原因只是起到辅助作用。所以国家为青年人才的发展创造的条件只是外部条件，青年人才的成长最终还要依靠自身，也就是自我成长。

（一）青年人才要有坚定的理想信念

青年成才的关键是要牢固自己的理想信念，理想信念是青年努力进取的力量之源。在人生道路上，理想信念如同一束灯光，为青年照亮前进的道路。如果青年没有理想信念，也就失去了前进的动力，最终也不会成为国家发展需要的人才。实现中国梦是我国每一个人的共同理想，作为中坚力量的青年人才更应该牢固树立实现中国梦的远大理想。

理想信念是精神上的“钙”，能够帮助青年人才在成长中坚定梦想。要是没有理想信念或者说理想信念不坚定，青年人才在精神上会不堪一击。青年人才只有在坚定理想信念的基础上才能更好地建功立业。

（二）青年人才要有主动的学习意识

俗话说，活到老学到老。青年人才要把学习当成生活常态，成为自己的精神追求。回顾党的发展历史，无论是在革命、建设还是改革开放阶段，学习一直是我们党攻克艰难、制敌取胜的重要法宝。

青年时期是学习的最佳时期，青年人才要抓住机会，把学习放在首位，养成主动学习、科学学习的好习惯。青年的首要任务就是学习。什么阶段做什么事，学生阶段的青年就要学习。青年学生要将学习融入生活中去，作为生活的一部分。青年通过学习掌握各种知识，学习各种本领，这些在将来都可以转化为实现梦想的筹码。天道酬勤，现在的勤奋可以成就未来的自己。21 世纪，世界发展呈现出前所未有的速度，新知识、新技能层出不穷，如果不保持学习意识，往往会被时代抛弃。国家对青年人才寄予了很高的期望，如果青年人才不严格要求自己，不树立主动学习的意识，就会无法从容应对工作，满足社会需要。青年人才在日常生活、工作中要有积累知识的意识，量变产生质变。对于学习的内容，青年人才要以科学的理论为指导，学会辨别优劣好坏，努力在学习和实践中不断磨练自己，练就过硬本领，用所学的知识和专业技能造福社会，为中华民族伟大复兴添砖加瓦。青年只有掌握真才实学才能成为为国效力的栋梁之材。

学习讲究方法，要注重学习思维的训练，不是为了看书而看书，要真正学进去。学习的时候要能够进行思考，敢于向威权发起挑战，不能人云亦云随大流。只有实践才能检验自己学习的成果，青年人才学习来的理论知识最终要进入实践，接受实践的检验。青年人才在成长过程中要持续学习，及时更新知识储备，才能跟上时代的发展，才能担起民族和时代赋予的责任与使命。

（三）青年人才要有持续的创新意识

一个国家要想在这个瞬息万变的时代不被替代，就要不断创新。创新对于国家来说就是不断前进的动力，只要有创新，国家就能进步。当今世界各国之间竞争激烈，只有不断创新的国家才能取得不断进步，在世界之林立于不败之地。十八大以来，我国经济发展进入新常态，创新成为经济发展的驱动力。在国家竞争中，只有创新者才能不断进步、不断变强，也只有创新者才能在竞争中胜出。当代青年人才更应该具备创新意识，只有这样才能实现中华民族伟大复兴的中国梦。

青年人才正值发展的关键时期，创造性和积极性比任何时候都要足。所以青年人才无论是在学习还是在工作中都要保持破旧立新的气概。首先，青年人才要有创新意识，在现有的基础上学习国内外先进的理论和技术，更新自己的知识储备，不断创新，才能不断取得进步，万万不可故步自封。其次，青年人才要有创新情怀，以爱国为前提，立足新时代对青年人才的要求，将践行社会主义核心价值观贯穿在创新之中。青年人才要明白国家、民族的重要性，国家利益永远排在最前面，要为国家创新。最后，青年人才要利用好平台，抓住国家给予的创新条件，大胆发挥，勇于走在科技最前沿，引领新风尚。目前我国出台了许多相关政策，支持广大青年进行创新创业，这对于青年人才来说是大好的机遇。广大青年人才要抓住机遇，充分展现自我，从而发挥出自己作为当代主力军的作用。随着科技不断发展，互联网+、人工智能等创新型经济不断涌现。在创新创业的大环境下，青年人才要行动起来，做创新创业的实践者和先行者。创新之路必定是充满艰辛的，青年人才要有敢为人先的勇气，时刻保持着创新精神。即使遇到困难，青年人才也能逢山开路、遇河搭桥，一路披荆斩棘。

（四）青年人才要有敢于担当的责任意识

责任、担当从某种意义上讲是指这个人具有高尚的品质。青年人才在新时代就要具备这种品质，即具备担当责任的意识。其实，每个时代的青年人都有每个时代的责任与使命。战争时期，国家存亡关系到每个人的命运，每个人也都有责任保家卫国。到了和平年代，推动国家和民族的发展成为青年人才新的使命。今天，放飞梦想、实现中国梦，是青年新的使命和责任。

新时代，青年人才所有的努力和奋斗都是为了担起实现中华民族伟大复兴的历史使命。青年人才就是国家的希望。为了全国人民的梦想，青年人才要坚定理想，学好本领。青年人才落实责任与担当要以理想信念为前提，以过硬的本领为基石，以创新意识为核心。

三、青年人才教育与培养要求

青年人才正处在生机勃勃、精力旺盛的时期，像早晨刚升起的太阳，他们是国家的未来和希望。一直以来，党和国家都非常重视青年人才的教育和培养工作。青年成长成才是一个不断学习和实践的过程，理论学习可以帮助青年成长成才，帮助他们更进一步走向成功；社会实践为他们提供施展才华的途径，青年只有通过实践来推动实现中国梦的进程，才能成为栋梁之材。

（一）加强对青年人才的理想信念教育

坚定理想信念历来是青年教育的首要关注点，在青年人才的成长教育中，理想信念必须引起重视。理想对于青年人才来说就是一盏明灯，照亮前方道路。信念是决定成败的关键因素，是成长的支柱。青年人不能缺失理想，一定要坚定信念。理想信念补给我们的是精神能量，失去理想信念，就会失去精神上的“钙”，不堪一击。

学校要加强对青年学生的理想信念教育，要用理想信念来凝聚青年的思想共识，让理想信念化作青年成长成才的一股动力。不仅是青年人才，党和国家都要不忘初心，继续前进。在新时代继续坚持理想信念不动摇，收获更多成果。青年人才作为民族复兴的主要力量，更要有坚定的理想信念。如何坚定理想信念？国家要将理想信念教育上升到战略高度，高校在进行理想信念教育的同时，要引导广大青年学生深入学习、理解社会主义核心价值观。让他们通过学习来提升自己的思想觉悟和理论水平，不放弃对理想、目标的认识和追求。坚定理想信念就必须要立足实践，对思想理论有科学的认识，正确把握社会发展规律。

青年人才正处在人生的特殊时期，面临学业、事业等多种选择，此时如果没有理想信念的支撑，青年人才就会失去方向，如同没有地基的大厦，危险至极。因此，青年人才要健康茁壮成长就必须补充足够的“钙”，这个“钙”就是理想信念。青年人才只有精神上富裕，才能在实现中国梦的道路上一直向前，并且可以自行牢固实现中国梦这个目标。

（二）加强青年人才自觉践行社会主义核心价值观

社会主义核心价值观是社会评判参考的价值标准，是全体社会人对价值认同的最大化一致。它承载着全国人民的共同的精神追求，其中也包括青年人才的精神追求。青年人才在实现中国梦的过程中要坚持以社会主义核心价值观为导向。因为青年的价值取向决定了未来整个社会的价值取向，所以国家多次强调要加强对青年人才的社会主义核心价值观教育。青年的价值观在青年时期还没有完全成型，还在形成和发展阶段。所以要抓住这一时期，增强青年对社会主义核心价值观的认识和了解，价值观一旦形成，在青年成长后期会发挥重要作用。

践行社会主义核心价值观要遵循科学的方法，寻找正确的实现路径，这样才能促使青年人才在中国特色社会主义的伟大里程中绽放青春人生。青年人才社会主义核心价值观的养成需要时间的积累。青年人才要坚持循序渐进的原则，通过不断的学习和实践的积累，把社会主义核心价值观的基本要求熟记于心，即使在日常生活中也要遵守核心价值观的要求。

在自觉践行社会主义核心价值观的教育中，广大青年人才要勤学、修道、明辨、笃实。明辨就是在面对复杂的社会、各种思潮的相互激荡及学业、职业等方面的选择中学会思考、明辨是非，做出正确的选择；笃实就是要求青年人才无论是在学习还是创业中，都要踏踏实实地扎实根基，持之以恒。学习贵在勤奋、有恒心、爱钻研。要想学到真学问，青年人才就要凭本事，吃得苦中苦。在学习的过程中用知识丰富自身，学知识不学死，要将知识理解透彻，将其内化于心，形成自己的见解。青年人才在学习的过程中也要关注实时动态，为自己赢取更多机会。与素质教育相比，“一心只读圣贤书”已经不适应时代的发展了。新时期的青年人才既要做到博览群书、术业有专攻，又要时刻观察，关心国家大事，提高自身担当社会责任的能力。修德就是修养道德，自古以来，品德就是用人标准的首要考虑因素。一个人只有明大德、守公德、严私德，才能为国所用。所谓明大德就是将国家富强、民主、文明、和谐放在第一位并将其作为一切工作的出发点和落脚点；守公德是从小事做起，在自由、平等、公正、法治的社会中修好公德；严私德就是要学会自律自省，“吾日三省吾身”，将爱国、敬业、诚信、友善作为自己的立身之本，在日常生活中严格要求自己。

（三）培养青年人才的创新意识

创新在国家的发展中占据重要地位，一个国家的发展需要不断创新。而对于创新来说，人才是关键。我国历来崇尚贤才，尊重有才能的人。如今国家提出要建设科技强国的目标，更需要、欢迎、广收科技人才。不仅如此，国家还提出要在创新中发现人才、培养人才。

青年人才是国家的未来，民族的希望。培养一批大规模、高素质的创新型青年科技人才有利于激活国家创新发展的活力。青年科技人才要培养自己的创新意识，挖掘自己的创新潜力，提高创新能力，为国家实现创新发展献上一分力。科学如果没有新发现便会失去生命力，科技只有不断创新才能获得新发展，否则只会在固有技术上停滞不前。不可否认的事实是，青年科技人才已成为建设创新型国家的一支重要力量。我国科技事业队伍越来越年轻化，青年科技工作者成为主要力量，他们身上肩负着建设科技强国的重任。青年科技人才要在继承前人优良传统的基础上把人生理想融入实现中国梦的奋斗中。当前我国的科技发展与西方相比还略有不足，面临着一系列瓶颈问题，这给国家经济、社会、安全发展带来了严峻挑战。解决科技创新难题，青年人才肩负重任。青年科研人员在国家科技队伍中占据重要位置，是发展、壮大队伍的主力军。所以青年科技人才要牢固树立“创新科技、服务国家、造福人民”的科技价值观，勇敢地担当起实现创新型国家的重任。

（四）培养青年人才全面发展

马克思主义强调每个人都应该得到全面自由的发展。青年成长成才任重道远，他们更应该以“德智体美”全面发展为目标，争取早日成为社会主义事业的接班人和建设者。坚定理想信念与践行社会主义核心价值观是德育的两个主要方面，用教育引导青年学生坚定理想信念，使之成为青年学生成长成才的思想动力。智育就是启发和培养青年人才的创新意识，要改变以往用考试成绩衡量一切的教育理念。青年学生富有想象力和创造力，学校和国家应该引导他们走在创新创造的前沿，做新时代创新创造的先行者。

青年人才的发展既包括学习能力的发展也包括工作、生活能力的提升，但是一切能力的学习和提升都要以健康为前提。如果把健康比作数字 1，学业、事业、爱情等可以比作数字 0，只有 1 放在前面，才有创造无限价值的机会，如果没有健康这个 1，其他再多的条件也是 0。可以说，练就健康的体魄是青年人才的责任。青年在成长成才的过程中一定会遇到挫折，在挫折面前，青年人才要做的就是用平和的心态去克服它。美育是指在培养青年学生全面发展的同时，要注重真善美的教育，提升青年学生的审美能力，要善于从中华传统文化中获取养分，用文化培养、熏陶青年的审美情趣。在美育的过程中，青年要形成良性互动，对于施教者而言，要在施教过程中寻求真善美，而不是空谈真善美；对于青年人才来说，在追寻真善美的旅途中要心平气和，用知识、阅历来辨别，不断提升自我修养。

要培养青年人才德智体美全面发展，就要努力构建全面培养德智体美的教育体系，这需要国家、社会、学校和青年人才个人等多方的努力。国家要把德才兼备的培养方式融入文化知识教育、社会实践教育等各个环节，围绕每一个环节制定教学目标。目标制定后，教师在教学过程中就要围绕教学目标展开教学，帮助和引导青年学生树立乐观向上的人生态度。青年学生自己也要从自己做起，除了学习课本知识，也要多参加实践活动，在实践中锻炼自己，全面发展自己。

（五）青年人才的成长要在实践中实现

青年人才全面发展，健康成长，仅仅依靠学习文化课是不够的，青年人才的成长最终要立足实践，在实践中实现。青年人才的实践经验不是很丰富，主要通过课本学习知识。而且这些知识只是理论，只有经过时间和实践的检验才能真正为我们所用。俗话说“纸上得来终觉浅，绝知此事要躬行”。青年人才只有走理论与实践相结合的道路，在实践中检验自己所学的知识，才能进一步丰富工作经验，从而发现新问题、解决新问题。

随着社会主义现代化的发展，青年人才的成长空间越发广阔。在新时代的舞台上，青年人才要脚踏实地地做事，在社会主义现代化建设中磨炼自己，使自己快速成长起来。青年人才在实践中难免会遇到困难，在困难面前，要发扬艰苦奋斗的优良作风，顽强拼搏，用智慧和双手攻克难关。困难对于青年人才来说也是一笔财富，它可以磨炼人的意志。如果青年害怕困难，贪图享乐，结果只会是一时安逸，但一事无成。青年人才要怀有崇高理想，主动请缨到人民最需要的地方去，为老百姓服务。无论是在哪种岗位上，青年人才都要接受实践的检验。只有经过实践验证的青年人才最终会成为国家和社会所需要的人才。

四、青年人才选用标准

新时期中国的发展需要大力引进五湖四海的优秀人才，要为有才能的人敞开大门，聚集各类人才为己所用。做好人才引进工作的前提就是要积极落实相关政策和机制，用法规法律保障人才权益，这样才能留住人才。那么如何使用好青年人才？要不拘一格用好青年人才，充分挖掘青年人才的优势和才能。要勇于打破传统人才选拔观念，清除束缚人才使用的障碍。要把握用人时机，适时提供青年人才施展才华的机会，这样才能够最大化发挥青年人才的价值与优势。

（一）树立科学的人才意识

意识是行动的先导。树立科学的人才意识，一方面提升了人才工作的高度，将其上升到执政兴国的层面。另一方面也说明了人才工作的推进更加严谨、更加完善。要使“人才是第一资源”、人才是推动社会发展的主要动力的思想深入人心。国家重视人才，社会就重视人才，青年就会努力成才，这样全国范围内就形成了良好风气。

受传统观念的影响，在人才培养和选拔方面，一些地方还存在用资历说话、学历高能力就强等落后观念。这些观念的存在会致使人才资源安排不合理，发挥不出来人才优势。特别是在青年人才的选拔过程中，总会出现资历不够、能力不行等质疑声。这些质疑声会打击青年人才的积极性，进而流失人才。所以，在青年人才选拔的过程中首先要树立科学的人才意识，树立“青年人才是第一资源”的意识。坚持以人为本的用人理念，广泛调动青年人才的积极性，让他们自觉参与到社会主义现代化的建设中来。青年人才是国家的未来，在实现中华民族伟大复兴的道路上，人才越发重要，因为只有占据人才优势，才能占据竞争优势。所以，国家在人才选拔和使用的时候要树立强烈的人才意识，破除以往旧的观念观点，冲破体制机制的阻碍。落实和保障各类人才的权益，能够调动他们在工作中的积极性。国家要把青年人才优势转变为经济发展优势，为提高我国的国际地位提供人才保障。

（二）坚持德才兼备的人才选拔标准

坚持科学有效的选人用人机制是推动人才强国战略落实的重要措施。新时代的青年人才身上肩负着国家和民族赋予的重任，这就要求青年人才必须以爱国为前提，心怀民族大义情怀，同时具有以改革创新为核心的时代精神。无论在学习还是工作中，青年人才要具有吃苦耐劳、乐于奉献、敢于担当的道德品质，在实践中练就过硬的技术。德才兼备的青年人才能够满足我国继续深化改革的需求，推动社会主义事业向前发展。在人才选拔上，德行与才能同样重要，两者都是选拔人才的参考因素。国家提倡要坚持德才兼备、以德为先的选人标准。对于有才能的人来说，如果他同样具备德行的话，德行会指引他走向正确的道路，但如果一个人只有才能而无德的话，那就很危险。所以，在选择人才的时候首先要考虑德才兼备的人，如果两个因素不能同时具备的话，要选择有德行的人。

青年人才的任用并不是单一固化的，如何发挥青年人才的优势，发挥他们的最大价值为国所用？针对不同青年人才群体，国家、单位要做到因地制宜、审时度势，为不同的青年群体提供施展拳脚的广阔天地。随着人才强国战略的实施，我国多个地方陆续出现了“不拘一格选拔人才”的情况，并且取得了良好的效果。为了进一步提升青年人才的使用率，要在青年人才的选拔使用中做到不同青年人才不同对待。

如国家、工作单位要针对青年干部人才的年轻特质进行选拔任用。青年干部人才虽然阅历尚浅，但他们有魄力、有能力，是一股新生力量。所以在选拔青年干部人才时要打破年龄上的条条框框，不应该用年龄论功绩。要综合评估现状与发展趋势，将见效快、看得见的显绩与见效慢、短时间看不见的潜绩综合起来做考核。对于有能力、有发展潜力的年轻干部，要有对他们委以重任的计划，让他们在实践中接受考验与锻炼。我们国家要在创新中发现、培育和凝聚人才，鼓励青年科技人才立足前人创造的成果，不断超越、创新。科技创新为实现中国梦提供技术支撑，而青年则为实现中国梦提供人才支持。所以，青年人才理应走在创新的前端。敢担当、敢超越，积极进取、勇于创新，攻克别人无法攻克的难题，走出一条新路。

第三节　新时代高素质青年人才队伍建设的基本脉络

我们要立足于新时代中国特色社会主义伟大实践，指导当代青年人才和青年人才工作。做好青年人才工作不仅需要青年人才加强自身建设，还需要党和国家、社会、学校等多方面的共同努力。

一、青年要充分认识成才的战略意义

青年是一个国家的希望，也是一个民族的未来，将青年教育培养成人才是实现国家希望、铸就民族未来的最佳选择。青年兴则国家兴的意义也就在于此。青年作为中国特色社会主义事业的重要接班人，必须要充分认识到青年在中国发展道路上所扮演的角色和承担的担子。因此，青年必须要充分认识到他们成才的重要战略意义。有了如此深刻的认识才能引起中国广大青年的关注和行动，才能启迪青年树立远大志向报效祖国，才能警醒各级政府认真落实助力青年成才的政策。

（一）提高党执政能力的需要

随着中国的改革已经进入深水区，中国想进一步取得重大发展，关键是要加强党的执政能力建设。执政能力建设的着力点又是在该政党领导国家和处理社会事务中衡量一个政党的组织领导能力的关键指标，是看该政党能否培养造就出大批为党和国家机关及各类社会组织所需要的合格的干部队伍。从这个角度上来说，大力培养出为党和国家及各类社会组织急需的优秀青年人才，就是提高党的执政能力的内在需要。学校是青年聚集的主要阵地，为党培养和输送青年人才这样的重担就需要中国各阶段的学校勇担起来。

随着教育的全面深化改革，青年进入高校学习的入学率逐年增加，在以促进学生全面发展的教育理念的熏陶下，青年的综合素质也在稳步提高。从近几年的社会发展情况来看，青年人所做出的贡献越来越大。越来越多的青年大学生主动亲近基层，勇敢奋斗在国家精准扶贫攻坚战的第一线；越来越多的青年大学生报考选调生，甘愿忍受寂寞和清贫，在基层扎根落户，只为全心全意为人民服务。这些青年干部在岁月的流逝和实践的锤炼中不断进步，快速成长为党和国家及各类社会组织所需要的各类人才，奉献出各自的才能，这为提高中国共产党的整体执政能力奠定了坚实的基础。笔者认为，加强青年人才的思想建设是当前紧迫的任务。现在正值青年时期的人们都生活在和平年代，物资丰

富，加之进入高校接受过系统的学习，科学文化理论水平相对较高。他们有思想、有冲劲、有想法，敢于打破常规，乐于接受新事物。青年人一定要加强思想建设，在复杂的社会环境中守住初心，牢记使命，为党和人民的事业怀揣着一颗赤诚之心。

青年的素质如何，直接影响着党的执政能力。因此，青年要明确知晓，他们的素质对整个党的执政能力建设有着极其重要的影响，必须要认真落实现代青年成才观的核心要义。

（二）青年成长成才的需要

现代青年成才观主要以围绕青年健康成长和顺利成才展开。青年要想成为于个人、于国家有用的人才，必须以现代成才观作为根本遵循。

青年时期是一个人最关键的时期，青年的价值观、道德认知、理想信念都是在这个时期逐渐形成和稳定的。正确的价值观、高尚的道德品质和崇高的理想信念直接决定了青年的发展方向和成长轨迹。在这一阶段，青年必须要好好学习，珍惜时光。在自我奋斗的时间里助力自我成长，将正确的价值观深埋心中并外化于行，将高尚的道德品质付诸生活的点点滴滴，将崇高的理想信念作为人生奋斗的加速器。这样的青年在成长中必然会收获许多美好的东西。他会收获积极乐观的好心态，在艰难险阻面前迎面直上；他会收获良好的道德修养，在复杂的人际交往和生活琐碎中坚持自己的善良；他会收获为国为民奋斗的真幸福，在实现中国梦的伟大实践中奉献自己的智慧和力量。青年岁月是一个充满无限可能的时间段，只要青年静下心来踏实学习，积累知识，同时注重创新创造能力的开发和运用，长期坚持，终将会发生质的飞跃。因此，青年在青年时期就要练就过硬本领。

二、青年要提升思想政治素质

青年综合素质的高低直接决定着中国整体发展水平的高低。青年综合素质高，则中国整体发展水平相应就高，反之则低。为了又好又快地推进党的各项事业，必须在一定时间内培养出综合素质较高的接班人。我国社会主义建设步入了关键期和攻坚期，这也对人才，尤其是青年人才提出了新的更高的要求。加强青年的素质教育，成就青年的全面发展就显得紧迫和必要。

（一）加强理想信念教育

青年是中国特色社会主义事业的伟大推进者，必须要自觉加强自己的理想信念教育。理想信念是行为的先导，一个青年的理想信念如何，很大程度上就决定了青年未来发展的方向和高度。

加强青年理想信念教育是十分必要和重要的事情。如何加强？笔者认为需要从外部环境和内部环境两方面着手。外部环境方面，党和各级政府应加大青年树立正确崇高的理想信念的正面宣传力度，必须牢牢把握住青年的思想发展动态。同时，各级学校也要响应党的政策，积极将思想政治教育所涵盖的内容输送给学生，教师用一言一行感染学生。内部环境方面，青年需要自觉加强理想信念的教育。青年要崇尚远大的理想信念，不要苟且于当前的小名小利，眼界要高。青年要将个人理想设定得高远些，以服务祖国需要、以奉献社会需要为理想目标。这些都需要青年主动去学习马克思主义，真信、真懂中国共产党的指导思想。中国共产党以全心全意为人民服务为宗旨，青年的理想信念应该时刻与党的宗旨保持一致。拜金主义、享乐主义、个人主义都与国家倡导的艰苦朴素、为人民服务、集体主义的价值观相悖。从某种程度上说，非主流的价值观所产生的行为必然会被社会所抛弃。因此，一个青年要想在社会上好好发展，必须树立正确的理想信念。

（二）提升党性修养

“党性是一个政党的本质属性，每个党员干部都应把党性放在第一位。”为保持政党的生命力，需要源源不断地输送新生力量补给。青年作为未来中国共产党的接班人，必须要积极向党组织靠拢，自觉提升党性修养。许多青年从学校毕业走向社会，成为青年干部、青年骨干。青年的党性修养除了自觉主动地去提升外，它不会随着青年生活环境的变化而自发强化。因此，将提升青年党性修养作为青年成才的一个思想要求，是全面从严治党的现实需要，也是青年走向未来更高工作岗位的责任需要。青年需要自觉提升党性修养，同时接受组织的教育和培训。首先，青年党性修养要结合社会主义核心价值观的价值追求。社会主义核心价值观分别从国家、社会、个人三个层面提出了价值标准，明确了核心价值观的价值诉求。青年作为中国特色社会主义事业的接班人，作为中国共产党的未来。在提升党性修养内容上青年要重点提升自身的理想信念、政治素质、思想素质。多次重申提升青年思想政治素质的重要性，是因为青年从学校毕业走上工作岗位，虽然他们文化水平比较高，综合能力比较强，但是他们生长的环境和平安定，“使他们缺少政治风浪的洗礼和考验，缺少严格的党内生活、艰苦环境和复杂情况的磨炼，以及对党的历史和优良传统的深入了解，群众观念和宗旨意识不强的问题仍然比较突出”。除此之外，市场经济的快速发展，许多多元化的思想和价值观纷至沓来，给青年的思想造成冲击，使他们产生迷茫和不解。面对这些问题，就需要青年自身的党性和政治觉悟清淤，在党的各级组织帮助下答疑解惑。其次，青年要锤炼品德修为来提升党性修养。青年锤炼品德的主要目的是使自己成为一个有崇高道德、精神世界高尚的人，做任何事情，不能只顾自己的利益，而不顾其他人的利益；只关心自己的事情，他人的事情不管不问。没有崇高的道德意识的人，不仅心胸狭隘，还处处做些缺“德”的事。这不仅影响人与人之间的和谐相处，还严重影响整个党的组织队伍的思想建设和纪律建设。

（三）加强理论教育

这里的理论教育主要指青年应该加强对马克思主义理论的学习，深入了解中国共产党的发展史和革命史，学会用马克思主义的立场、观点和方法分析问题、解决问题。马克思主义理论作为中国共产党的指导思想，一直发挥着思想引领和行动指南的作用。随着对马克思主义理论研究的不断深入，并结合中国具体的国情、党情逐渐有了大量的马克思主义中国化的理论成果。青年对其进行学习并运用到实践中，这对于提高青年分析问题、解决问题的能力十分有帮助。

放眼当下，国内外形势风云变幻，复杂的内外环境使青年思想困惑、内心矛盾、知行不一。这些情况有时会造成个别青年对马克思主义理想信念的质疑，对党的方针、政策、路线的不满。这是因为其对马克思主义理论的认识流于表面，没有真正把握住这一思想理论的核心要义。经实践证明，马克思主义理论具有很强的实践性，它是指导人们认识世界、改造世界的伟大指南。如果青年对于马克思主义理论的把握仅仅停留在字面上，就会陷入教条主义和经验主义的漩涡，无法自拔。这样的思维方式于个人、于社会都是极其危险和不科学的。青年应自觉加强对理论教育的学习，主动走进马克思恩格斯的内心世界，亲身去体会“思想武器”的震撼。真正做到对马克思主义理论、马克思主义中国化最新理论成果的真信真学，真正做到内化于心、外化于行。

（四）培养世界眼光

青年要培养世界眼光，就是要培养他们的大格局、大远见。这是客观的国内外发展态势所要求青年人才必须具备的一种素养。中国与世界的联系日益密切，实现中国梦、“两个一百年”奋斗目标和“四个全面”战略目标，都离不开世界的发展。换言之，中国与世界上其他国家已经是命运共同体的生存关系，一荣俱荣，一损俱损。中国政治、经济、文化等多领域与西方其他国家的交流和交融已变得十分深刻和频繁。在这个过程中，中国励志于加大对外开放力度，热烈欢迎外来事物来华交流和合作。这种发展模式已经成为中国走出国门、冲向世界的有效途径。在全球化快速发展的大背景下，青年更应该自觉主动去学习新事物，增长新知识。青年可以利用互联网的大数据功能，多了解世界各主要发达国家的最新发展动态，掌握当前世界各国热议关心的问题。青年还可以通过关注国内权威的期刊报纸对国际各类事物的评论，以丰富自己的国外见识和培养新的思考问题的方式，这是比较传统的了解世界的方法。对于在校青年大学生而言，可以利用国际学术交流和互换访问学者的方式，亲身走出国门去看看国外的风土人情，去感受一下与本国完全不同的制度下的人们的生活环境。在这里要特别提醒青年，在培养自己的世界眼光的过程中，首先要培养自己的批判性思维方式。这是因为，个别青年对于外来文化和西方国家的制度在没有搞清楚的情况下容易全盘接收，并美其名曰这是“优秀文化”“优秀制度”。更有甚者会一味地夸大外来文化和西方国家的制度的“优越性”，进而贬低和侮辱本国文化和制度。这样的行为是极不可取的，也是需要坚决抵制的不良行为。在面对外来事物时，青年必须要带着批判的眼光，以“取其精华去其糟粕”的态度去审视，以互相学习、互相对比，找出优势和不足的方式丰富自己的见识。因此，青年培育自己的世界眼光，前提是自己必须要充分认可和热爱祖国的一切，不能换了个地方就出现“国外的月亮比中国的圆”这样滑稽和可恶的认知。深入了解世界各国在经济、政治、文化、科技、社会等多领域的最新发展趋势，是为了培养青年更全面的国际观，不能闭国不出，在自己的世界里打转。青年是中国的未来，他们在未来的岁月里，会被安排到各种岗位上工作，服务人民，没有深远的世界眼光，就不能真正解放思想、接受新事物，就不能在外来事物面前分清大是大非，就无法真正为中国特色社会主义事业做出贡献。培养青年的世界眼光，这是时代发展的要求，也是青年成才必须具备的素质。

三、青年人才要加强自身建设

内因是事物发展的根本原因，青年人最终成长发展的结果如何，根本原因在于自身。青年人要成长成才，成为国家需要的各种人才，就需要加强自身建设。各行各业都有很多青年人才，党和国家要着力培养各类青年人才，各类青年人才也要抓住机会，为自己赢得出彩人生。笔者在下文中主要以青年科技人才、青年干部人才和青年法治人才为例进行阐述。

（一）青年科技人才要勇做创新先锋

当前世界兴起了新一轮的科技革命，科技人才成为国家发展急需的人才类型。科技是第一生产力，科技人才更是国家发展的核心资源。国家实施创新驱动发展战略，就是要把创新放在首位，用创新为社会经济的发展提供动力。实现科技创新的关键在于科技创新型人才，青年科技人才逐渐成为科技人才队伍的中流砥柱。党和国家注重在实践中锻炼人才，只要青年科技人才有能力、有技术，就大胆放手让青年科技人才挑大梁，真正落实“聚天下英才而用之”的思想。用政策吸引具有创造力和活力的青年人才，把千百万的青年科技人才安排好，激励他们投身到社会主义现代化建设中来，进一步提升我国在全球范围内配置人才资源的能力。

科技的重要性促使我国正视青年科技创新人才的培养与发展，国家也在努力创建一批规模宏大、结构合理、素质优良的创新型科技人才队伍。从改革开放到现在，我国完成了很多世界前沿和核心关键领域的科技工程项目。但是，随着我国的进一步发展，社会生产对技术创新提出了更高的要求。目前与世界科技水平相比，我国的科技创新水平还有很大的进步空间。虽然我们国家在科技领域取得过很多成果，但自主创新能力不足。在科技成果向现实生产力转化等方面仍然存在问题，这些问题的解决关键要依靠青年科技人才。经济发展转型的关键点在于科技创新，而科技创新的关键和动力在于青年科技人才。青年科技人才要胸怀大志，心系祖国，要不断学习最新的科技知识，丰富和更新自己的知识库，掌握最先进的专业知识和技术。技术工作不仅枯燥，而且很辛苦，这就需要工作人员保持好心态，在艰苦环境中钻研技术。广大青年科技人才要敢迎难而上，把自己的科技创新项目与国家的科技发展和经济增长结合起来，为科技创新贡献一分力量。

（二）青年干部人才要争做新时代再出发的排头兵

建设社会主义现代化强国，实现中华民族伟大复兴犹如一场接力跑，在一代又一代人的手中接棒跑了下去。在这场接力赛中，青年干部肩负着重要使命。为了接好这一棒，青年干部要以新时代中国特色社会主义思想为指导，承担起属于自己的责任，争做新时代再出发的排头兵。全面深化改革的道路不好走，途中充满荆棘，任务繁重而艰巨。青年干部处在改革开放的第一战线，必须脚踏实地，拿出真本事，为人民做实事、谋福利。坚持从群众中来到群众中去的路线，在实践中学习锻炼自己。拉近干部与群众的距离，深入基层，倾听人民的声音，了解民意，做人民的知心人。青年干部人才要安下心来做实事，不做表面功夫，遵守党纪党规，按照制度办事，落实改革举措，努力在岗位上为全面深化改革多做贡献。

在全面建设小康社会、实现中国梦的进程中，做好精准扶贫工作是关键。精准扶贫就要扶贫精准，不能做“形象工程”。一对一扶贫，帮助贫困地区的人们早日实现中国梦。参加脱贫攻坚的青年干部要把精准扶贫的政策落到实处，根据地区具体情况和特点进行脱贫工作。所以，青年干部要摸清当地情况，深入实践，与当地老百姓打交道，收集第一手资料，还要分析每一个地方、每一个家庭的贫困原因，因地制宜地进行帮助。

（三）青年法治人才要扛起法治中国的大旗

全面推进依法治国任重而道远，这是一项长期工作。在工作推进中，必须以马克思主义法学思想和中国特色社会主义法治理论为指导，走中国特色社会主义法治道路。高校要坚持立德树人，德法兼修的教学目标，培养大批高素质法治人才。

新时代的青年会有更多的机遇和挑战，而他们精力旺盛、思维活跃，敢于迎接挑战的个性将会适合时代的发展需要。青年大有可为，也必将有所作为，青年法治人才作为青年人才的一分子，将会成为建设法治中国的中坚力量。身兼如此重任的青年法治人才，要做到德法兼修。青年要成长为一个合格的法治人才，就要扣好人生的第一颗扣子，牢固树立和践行社会主义核心价值观。努力做到德法兼修、明法笃行，加强道德修养，培养法治精神，夯实法治知识。

高校是培养法治人才的重要阵地，而且具有得天独厚的优势，聚集了各类人才。所以高校要充分利用自己的优势，加强对青年法治人才的培养和教育。在教育过程中，高校师生要加强对相关领域问题的研究，并且得出学科的研究结论。这些结论有利于完善中国特色社会主义法治体系，为建设社会主义法治国家提供理论支持。每一个国家的情况不一样，我们国家有自己的历史文化和法律机制。青年法治人才在学科体系上要有底气和自信心。在以我为主的基础上学习他人长处，突出自己的特点，努力为社会主义法治文明建设做贡献。要辩证看待其他国家的优秀法治文明成果，取其精华，去其糟粕，绝对不能照搬照抄。现在的大学生正值学习的黄金时期，处于知识积累阶段，要时刻保持学习的劲头，汲取新知识，扩充知识储备量。青年法治人才也是如此，要珍惜时光，莫要“少壮不努力，老大徒伤悲”，所以要静下心来多读经典著作，积累法学知识。青年法治人才要认准自己在国家发展战略中的历史地位，敢于担当起时代赋予自己的历史使命。要坚定不移地走中国特色社会主义法治道路，做马克思主义法学思想和中国特色社会主义法治理论的坚定信仰者和实践者。

四、青年要提升实践能力

提升青年的实践能力是将青年的所学、所知、所悟真正运用到实践中，去解决具体的实际问题。看似简单的实践活动，却让许多过来人深感理论与实践的巨大差距。因此，一个人知道得很多，但并不能代表在实际操作中就能应付自如。大多数青年不仅知识储备和社会阅历、工作经验都十分匮乏，而且在实践方面也能力较差。因此，青年更应该准确定位自己的水平，不断通过实践锻炼提高自己的动手能力、解决实际问题能力。青年要提升自身的实践能力，必须要牢牢把握以下三个方面。

（一）社会实践为主战场

青年要想成才必须接受社会实践的考验。青年只有将所学到的理论知识与生产劳动相结合，才能真正发挥青年人才的作用，不然青年人才就是在纸上谈兵。青年要将社会实践作为锻炼能力、培养才干的主战场。不同的实践内容考验的是青年不一样的能力。当前，许多青年会选择通过自主创业来展示自己的才干。经历过创业的辛酸苦辣的青年都会知晓，创业不像人们想象当中的那样简单，它牵涉着许多学问，并且需要极强的综合能力。凡是在创业熔炉中生存下来的青年，他们各个方面的能力都得到了极大的锻炼和提升。对于在校的青年学生来说，他们主要通过社团活动和参加志愿者活动来提升自我的实践能力。学生仅仅努力学习书本知识，已经不能满足社会的需要。各种实践能力需要在具体的实践活动中去学习和锻炼。通过社团活动和志愿者活动可以培养和锻炼学生的沟通能力、组织策划的能力以及加强团队合作意识等。这些能力对于青年的成才也起着积极的作用。综上可知，书本内容还需要结合实际操作进行融合，才能真正成为自己的东西。从历届中国共产党的领导人对青年成长成才的关心和照顾可以看出，他们也一致认为，青年要成才必须要努力学习科学文化知识、深入基层、走进群众、解决问题。通过理论与实践相结合的方式，让更多年轻人深刻知晓国情，深入认知党的基本路线的科学性、正确性，才能加深他们对社会实践的认识，增进同人民群众的感情，积累经验，磨炼意志，提高解决问题的能力，更快更好地成长起来。广大青年要学会全面学习，既注重科学理论知识的积累和创新，又要结合实践，做到学以致用。

（二）自我奋斗为主阵地

青年的成才需要自我奋斗。从古到今，没有谁的才华是凭空掉下来的。相反，人的才华越出众，他奋斗的历程就越不凡。青年要成才，自我奋斗是必不可少的环节。首先，青年要肯下功夫，珍惜时间努力学习书本知识。青年要目光高远，除了要把自己的本职书本知识学习了，还要多涉猎其他领域的书籍，真正做到博览群书。一来可以丰富青年的知识储备，二来可以培养青年更多的兴趣，激发青年的创新潜力，进而找寻到自己内心最渴求的兴趣爱好，并为之奋斗终身。这是青年奠定未来发展格局的重要内在因素。其次，青年需要有意识地锤炼自己的意志品格。这是需要在具体的生活当中慢慢锤炼出来的。坚强的意志品质是克服成才道路上的各种艰难险阻的重要利器。换言之，一个人的坚强意志品质不是与生俱来的，而是需要经过后天的磨炼和培养的。伟人与普通人的区别之一就在于伟人会想方设法解决问题、继续攻坚克难、风雨兼程走向胜利的彼岸，而普通人大多数选择绕着困难走，抑或是直接放弃。因此，青年成才需要坚强的意志品格去克服种种困难，这种坚强的心理素质，既是一种力量，也是一种能力，需要在生活中通过磨炼培养出来。最后，青年要有意识将理论知识回归于实践。实践是检验真理的唯一标准。要在实践中发现问题、在实践中解决问题、在实践中培养创新创造能力。

总而言之，青年时期是人一生最美好的岁月之一，充满着无限的可能。同时也是锻炼本领、长本事的关键期。青年不应该在奋斗的年华里而选择了享受安逸的生活，正确的选择应是努力奋斗，利用一切可能的条件学知识、精学问、悟道理、做好人、树理想、择好业、兴民族、耀国家。青年自我奋斗的最终目标应是为民族的振兴、国家的兴旺服务，有国才有我，有国才有家。自我奋斗与国富民强是内在统一，紧密联系的。

（三）发扬传帮带好传统

“青年人才的成长和发展离不开知识的传授、离不开长辈乃至整个社会的帮助和带领，因此在青年成才的过程中传帮带就显得尤为重要。”在青年成才过程中，发挥传帮带的优良传统，对青年的快速成长和掌握本领具有十分积极的意义。传帮带是中国共产党培养青年快速成长成才的一个优良传统。这就要求社会中的各行各业要营造一种传帮带的好氛围，以培养接班人的高姿态助力青年早日成才。一代代的“老带中，中带小”传帮带实践模式，能最大限度地激发团队的智慧，群策群力。青年在任何一个环境中，一开始都会对新环境和新事物有许多陌生感。起初，青年往往会对刚开始接触的事物有许多焦虑和不安的情绪，这时候就需要青年做好自己的思想工作，告诉自己万事开头难。同时也需要青年积极主动寻求外界的帮助，和有经验的前辈谈心，厘清思想上的畏难情绪，排解思想上的迷茫困惑，在前辈的指引下尽快调整工作节奏，树立信心继续奋斗。在业务能力的提升上，青年要虚心向该领域的业务骨干学习，多动手，多思考。在经验丰富的前辈的指导下，避免走弯路，也能直接获得前辈的宝贵经验。基于这种传帮带的良好成才环境，青年要充分利用自身的优势，埋头苦干，争取在自己的领域逐渐独当一面，继续发扬好传帮带的优良传统，为后面的新人做好指引和解疑答惑的工作。

青年无论知识储备还是经验教训，在学识渊博、经验丰富的前辈面前都显得稚嫩和不成熟，有前辈的提携和指导，必然在某一领域的进步远远快于个人苦闷地摸索。“通过工作中带、业务上传，帮助青年干部坚定理想信念，克服浮躁情绪，切实提高思想境界和工作能力。”因此，青年在实践过程中，要虚心向有知识、有经验、有技术的前辈请教，认真聆听前辈给出的建议，在前辈的传帮带下，更加努力钻研。

五、营造良好的青年人才发展环境

人的成长离不开社会环境，环境对青年人才的成长有着深远影响。积极健康的环境会促进青年人才向上发展，而风气不好的环境则会影响青年人才的发展，他们之间就像鱼和水、鸟和林的关系。这就要求我们要为青年人才的健康成长创造良好的环境。青年人才的成长离不开高校、工作岗位、党的培养。

（一）高校要加强对青年人才的思想教育工作

随着互联网的发展，信息的更新换代超乎想象。多种思想文化冲击着青年人才的观念和视野，但是大学生的实践经验不足，一些新潮思想可能会让他们产生错误的价值取向。所以高校要加强对青年人才的思想教育工作，而思想教育也是培养青年人才的重要一环。新时代的青年必须德才兼备，两者缺一不可。但是青年人才的思想教育工作需要国家、社会、高校多方的支持，需要他们的共同努力。高校是青年人才接受思想教育的主要阵地，高校有义务和责任加强对青年学生的社会主义核心价值观教育，帮助他们树立正确价值观，用积极向上的生活态度看待世界和人生。

高校要以学生为中心展开工作，坚持以人为本的原则。现代的青年学生已经不是传统意义上“两耳不闻窗外事，一心只读圣贤书”的学生。现在的青年学生思维活跃、求知欲强，再加上网络工具，青年获取信息的时效性更快，眼界更开阔。所以，学校在对青年学生进行思想教育时要适当改变教学方法，改变以往的简单灌输理论和说教的教学模式，要用青年容易接受的方式去传播社会主义核心价值观和中华优秀传统文化。教师要在教学过程中尊重每一位学生，端正教学态度，不以教育者的高姿态去看待学生，要将学生与自己放在同一水平线上。全国高校要走在教育改革的前列，就要紧紧围绕立德树人的教育目标砥砺前行。高校要为青年学生搭建成长舞台，教育和培养全能型青年人才，使他们在实现中国梦的伟大实践中创造出自己的精彩人生。

（二）企业要优化青年人才的工作环境

青年人才的成长需要良好的教育，同样也需要和谐的工作环境。领导者作为青年人才的导师、前辈，在工作中发挥引领作用。领导者要努力营建和谐的工作环境，要有无私奉献的精神，主动向青年人才传授工作经验，为青年人才创新制造机会。青年人情感细腻，渴望被关注、得到重视，领导者要能抓住青年人的心理特征，在工作中肯定青年人才的价值；思想上，领导者要有阶段地与青年人才交流沟通，全面掌握青年人才的思想状况，为他们排忧解难；工作上，领导者要对青年人才的工作能力充满信心，依据每个人的特长和能力安排工作，放手让其成长。当青年人才在工作中遇到困难时，领导层要主动关心、出谋划策，帮助青年人才解决难题，攻克难关。领导者还要对青年人才工作中的成就与失败保持正确态度，减轻他们的心理负担。对于在工作中取得重大成就的青年人才，要给予肯定和表扬，而对于失败者要多鼓励，多给机会让他们尝试，不能因为一次不成功就否定他们。生活上，领导者要关心爱护青年人才，如果青年人才在生活中遇到难题，领导者可以帮助其解决，让青年人才在工作中没有后顾之忧。领导者要从思想、工作和生活中全方位地为青年人才考虑，努力营造轻松、民主、温馨的成长环境。在这样和谐友善的环境下工作，对青年人才和团队都有益处，两者相互成长。

（三）要坚持“党管人才”原则不动摇

中国共产党是中国特色社会主义最高的政治领导力量，各个领域必须坚定地跟随党的领导，在人才工作中也必须要“坚持党管人才原则”。坚持党管人才，既体现了中国共产党对人才的爱惜，又为做好聚才、用才工作提供了保障。为了提升我国的国际竞争力，我国在对青年人才的培养、队伍的建设上都制定了相应的目标。为了更好地统筹我国人才工作，必须要坚持党的领导和党管人才的原则。只有这样才能为新时代人才工作指明方向，聚集各方人才力量，为国家建设提供人才支持。坚持党管人才原则要科学理解和把握党管人才的核心要义，将政策落到实处，发挥政策的最大优势。党管人才，管什么？怎么管？要提前做好准备工作，明确管理对象和重点。党管原则在青年人才建设领域首先体现在青年人才的思想政治建设上，青年人才要树立坚定的理想信念。贯彻落实党管人才政策，要与本地人才工作的实际情况相结合，制定相应的人才引进、培养工作实施方案，建立具有地区特色的人才管理模式。当今中国已经进入了中国特色社会主义新时代，现阶段是完成“两个一百年”奋斗目标的关键时期。如何鼓励广大青年人才为实现中华民族伟大复兴而奋斗成为党和国家需要思考和解决的问题。青年人才的健康成长，关系到国家、民族的未来，关系到“两个一百年”奋斗目标的实现。因此，党和国家都非常重视青年人才的培养和教育。

第七章　党的军队人才建设

第一节　党的军队人才建设的理论渊源

军队人才建设理论，是党领导我军在革命战争、国防和军队建设的实践中形成的关于军队人才建设的重要论述，是马克思主义人才理论与我军人才建设实践相结合的产物，是全党、全军集体智慧的结晶。溯源古今中外几千年的文明史，蕴含着极为丰富的军事人才重要论述。这些重要论述是人类的宝贵财富，是中国共产党军队人才建设理论形成、丰富、成熟和发展的重要论述渊源。

一、马克思主义人才理论体系是军队人才建设重要论述的理论基础

马克思主义人才理论体系指导军队人才建设重要论述的基本理论，是为党领导和开展军队人才建设提供直接的、专门的理论基础。

（一）马克思主义人才学理论

马克思主义人才学理论在马克思主义指导下，批判地吸取各有关学科中的合理成分，建立自己的独立体系，并在发展人才理论的实践中加以检验。马克思主义人才学理论以人才现象的特殊矛盾性为研究对象，研究内容包括关于人才基础、成长、发展与开发等方面的理论。马克思主义人才学的研究及其成果为党领导和开展军队人才建设提供了核心的科学理论指引。

人才学基础理论和应用理论研究奠定了军队人才建设理论研究的生发平台。人才学理论包括基础理论研究和应用理论研究。基础理论研究是军队人才建设的主体、客体以及二者关系等基本理论问题的研究。比如，人才学基础理论研究成果对于军队人才的基本概念，军队人才的本质、标准、类型、层次、结构和功能等。而人才学应用理论研究则为解决军队人才与军事实践、军队人才与战争、军队人才建设与军队建设及国家建设等现实问题提供了理论依据和

政策思路。从基本理论研究和现实问题研究两个方面共同搭建军队人才建设理论的研究生发平台。

人才成长和发展理论为军队人才建设实践活动提供了理论依据。马克思主义人才学中关系人才成长和发展论的主要内容主要有人才成长和发展的基本原理、人才成长和发展的内在因素、人才成长和发展的客观环境、个体和群体人才成长发展规律、社会人才总体发展运动规律。

人才价值论与人才开发论明晰了军队人才建设的目标和路径。关于人才价值，一是从哲学价值论的维度出发，人才作为“人”的目的性存在具有价值，而非“物”或“物质资源”的工具性存在的效用价值。人作为具体的人，是一种目的性的存在，其本身具有的价值，即个性、权利、人格尊严、自由和全面发展应受到尊重。二是从劳动价值论的理解维度出发，人才作为商品具有的“使用价值”和“交换价值”，多指人所具有的才能。三是从资本论的维度出发，人才具有资本和资源的价值。

军队人才建设归根结底是为了实现人才个体或群体的价值。人才价值论与人才开发论为人才建设主体明晰建设目标以及如何实现目标提供了理论依据。

（二）马克思主义军事人才学基本理论

马克思主义军事人才学基本理论是马克思主义重要论述理论体系的重要组成部分。它是马克思和恩格斯、列宁和斯大林等无产阶级革命导师和中国共产党人在无产阶级革命斗争、中华民族解放斗争和中国特色社会主义实践过程中形成的并反映在军事人才重要论述上的基本观点，是专门指导军队人才建设理论与实践发展的理论依据。

马克思主义军事人才学为军队人才建设提供了完整的理论体系。马克思主义军事人才学包括军队人才建设领域的两个基本理论。一是军事人才的地位与作用理论。马克思认为一切伟大人物和杰出军事人才以及他们的创造性成果的出现，都是社会特定时代的产物。军事人才对决定战争胜负有着至关重要的作用和影响。二是军事人才的素质特征理论。恩格斯对此的基本观点是，创造性是军事人才的核心素质。他把俄军 19 世纪多次战败归因于俄军人才缺乏创新素质。恩格斯指出顺应时势是军事人才成才的首要规律，他认为军事人才成才不仅取决于先天因素或个人奋斗，而且必须顺应历史潮流，“假如没有拿破仑这个人，他的角色就会由另一个人来扮演”。此外，马克思主义军事人才学还包括选拔使用、教育培养等理论，为军队人才建设提供了体系化的理论依据。

马克思主义军事人才学为军队人才建设提供基本观点和基本方法。马克思主义军事人才学在马克思主义人才学理论系统中，从属于专门人才学，是按研究不同领域人才现象划分的一个分支，与政治人才学、经济人才学、科技人才学、文艺人才学、体育人才学等分属同一研究层次的不同分支。马克思主义军事人才学是对马克思主义军事人才重要论述的专门研究，它的产生与发展和无产阶级革命导师所开创的事业紧密联系在一起，以马克思和恩格斯、列宁和斯大林的军事人才重要论述为理论起源。

马克思主义军事人才学的研究者认为，马克思、恩格斯、列宁和斯大林的军事人才重要论述生发于马克思主义人的重要论述与马克思主义人才重要论述平台，其基本观点是无产阶级政党创建军队、培养军队人才理论指南，是中国共产党领导军队人才建设的重要方法论和重要论述源泉。其中，马克思和恩格斯两位伟大的无产阶级革命导师是马克思主义军事理论的主要开创者。在他们的重要论述理论体系中，包含着马克思主义关于军事人才问题的最早论述。他们运用马克思主义的立场、观点和方法，阐述军事人才问题的基本观点，科学解释了军事人才成长过程中的诸多带有规律性的现象和问题，构建了较为完备的马克思主义军事人才理论框架，为正确理解人才（包括军事人才）的含义以及成长规律奠定了科学的世界观和方法论基础。

马克思主义军事人才学为军队人才建设实践提供基本理论依据。马克思对军事人才不乏直接的、专门的论述。比如，他一直认为军事人才对决定战争胜负具有至关重要的作用，并通过许多战争实例来说明这一点。例如，在对法奥战争的分析中，他在《被证实了的真理》一文中断言："如果奥军的最高指挥权由庸碌无能的人手中转交给有才能的人，交战双方的处境一定会同现在截然相反"。此外，他早在1849年谈到武器改变对军队各种组织和关系的影响时，指出"新作战工具即射击火器的发明"改变了"军队的整个内部组织"和"各个军队相互间的关系"。这些理论观点是党认识军队、军人、军事人才、武器之间各种联系的理论基础。

列宁、斯大林成功领导无产阶级革命，在人类历史上创建第一个社会主义强国。在他们的革命生涯中，有诸多关于军事人才问题的论述。列宁、斯大林主要是将马克思主义军事人才重要论述的基本观点与苏联革命及战争实践相结合。这使马克思主义的军事人才观第一次全面地、成功地经受了实践检验，从而为无产阶级军队培养自身的军事人才积累了宝贵的经验。马克思、恩格斯、列宁和斯大林的军事人才重要论述的基本观点，是分析军队人才建设实践问题的强大理论武器。

二、中国化的马克思主义军事重要论述是军队人才建设重要论述产生并发展的活性基因

从体系和要素的包含关系上看，军队人才建设是军队建设体系的重要组成要素。军队人才建设的指导重要论述和发展战略来自并服从于军队建设的“大重要论述”和“大战略”。建军以来，党领导中国革命和建设实践，始终与马克思主义军事重要论述在中国大地的传播与发展有着不解之缘，党在不断地革命和建设实践中形成了与时俱进的中国化的马克思主义军事重要论述，指导军队建设体系中的各个要素建设。

（一）中国化的马克思主义军事重要论述蕴含我军建设发展的基本规律

中国化的马克思主义军事重要论述是马克思列宁主义关于军事规律的科学重要论述与中国革命建设实践相结合的产物。中国化的马克思主义军事重要论述是中国共产党以马克思主义军事重要论述为指导，与时俱进地深入研究和阐发指导中国战争的根本立场、观点和方法的重要论述理论，是马克思主义军事重要论述中国化的重要成果。

中国化的马克思主义军事重要论述继承了马克思主义军事重要论述的基本理论。马克思主义重要论述传入中国，带来了无产阶级的军事科学、无产阶级的战争观和方法论，包括关于工人阶级对待战争的态度和策略，关于以军事知识武装工人阶级的战争观点，对具体战争的历史唯物主义分析，对军事领域内宗教迷信和英雄史观等唯心主义观点进行的科学批判。这些战争评论揭示的战争规律和战争指导艺术等，蕴含着一个无产阶级政党应当如何领导军队革命，如何建设一支军队的基本理论观点。

党领导中国革命实践一方面学习运用马克思主义关于战争和军队的学说，准确把握了军事、战争对物质生产条件及其发展的依赖关系，制定中国无产阶级革命的军事纲领。另一方面在中国革命中学习马克思恩格斯以辩证唯物主义和历史唯物主义总结的各个时期及各个阶级战争的丰富经验，创造性地运用并发展了马克思主义基本理论。形成了中国共产党无产阶级革命的集体智慧结晶，是我军克敌制胜的“法宝”。以人民战争重要论述为例，它是马克思主义军事理论的基本观点，集中反映了马克思主义军事理论的本质特征，集中体现了马克思主义战争观和战争方法论。我党始终将马克思主义人民战争理论与中国革命和军队建设实际相结合，将人民战争的两个基本特征表现得淋漓尽致：一是战争的正义性，中国革命始终是从广大民众的利益出发的，是为广大民众服务而战的正义战争；二是战争的群众性，中国革命的革命基础是具有最广泛基础

的工农阶级，革命主体是人民群众。正是在中国化的人民战争观下，我军在革命时期才在人民军队之中涌现出大批将帅之才。

（二）中国特色军事理论是军事斗争准备实践的理论先导

中国特色军事理论，是中国共产党人运用马克思主义基本原理观察和分析军事和战争问题，在中国国防和军队建设及军事斗争准备的伟大实践中，创造性地揭示和反映军事及战争活动的本质与规律的军事理论。中外军队建设历史实践表明，军事理论本质上是一个随着实践发展而与时俱进的军事重要论述体系。不论如何先进的军事重要论述或军事理论，如果盲目应用和不切实际地照搬，也难免遭遇失败。只有联系实际的、先进的军事重要论述和军事理论才能正确地指导实践，建设好军队。中国特色军事理论具有主动适应中国军事发展的时代特征。中国特色军事理论始终在推进理论创新，不断发挥对军队斗争准备的军事理论先导作用。从新中国成立至 20 世纪 80 年代，建立并形成以打赢机械化战争为目标的军事理论体系；自 20 世纪 90 年代以来，逐步围绕构建以打赢信息化战争为目标的军事理论体系。与时俱进的理论品质决定了中国特色军事理论体系是指导人民军队军事斗争准备实践的基本前提和依据。

（三）中国特色军事理论是军队人才建设重要论述的实践基础

军事理论是关于军事实践的理论。中国特色现代军事理论是我军军事理论的政治优势和最大特色。中国特色现代军事理论体系，包括“一个核心、两个层次、三大部分”内容：一个核心——党的军事指导理论；两个层次——现代军事力量建设与运用理论；三大部分——军事战略理论、作战理论、国防和军队建设理论。

党的军事指导理论是中国特色军事理论体系的核心和灵魂。这一核心理论对军事理论与实践的各个领域都具有统领作用。它解决的是军队建设的重大问题，即根本性和方向性、全局性和关键性问题。对军队人才建设而言，党的军事指导理论决定军队人才建设的总体建设目标和方向等根本性问题。现代军事力量建设与运用理论是中国特色军事理论体系的主体部分。这一部分理论包括现代国防建设理论、战略理论和作战理论，主要研究信息化条件下战争特点和社会主义市场经济条件我军建设的重大问题、指导制定军事理论与实践建设战略问题。对军队人才建设而言，现代军事力量理论与运用理论决定军队人才建设的总体建设目标和方向等根本性问题。而军事战略理论、作战理论、国防和军队建设理论则为军队人才建设实践提供具体的理论和政策指导。

我军人才建设实践作为中国军事实践的一项重要内容，自然置于中国特色军事理论的指导之下。中国特色军事理论是中国共产党在新时期建军治军方略的集中体现，是统揽全军各项建设的总的理论纲领。坚持以党构建的中国特色军事理论为指导重要论述，大力推进军队人才建设实践，就是坚持党对军队的重要论述领导和理论领导在党管干部与党管人才工作中的具体体现。必须坚持中国特色军事理论指导军队人事管理工作和军队人才建设实践。

三、西方强国军事人才重要论述的合理内核是军队人才建设重要论述的选择参照

西方军事人才理论反映了在历代战争和世界范围军事斗争格局的变化中西方主要发达国家形成并发展的军事人才重要论述。它在一定程度上反映了军事人才在历代军事力量发展中的作用，折射出世界上军事较为发达的国家在军事人才问题上的基本理论主张和建设方针。取西方军事人才重要论述之长而为我所用，反映出中国共产党海纳百川、兼容并蓄的理论胸怀。

（一）西方古代军事人才重要论述

古希腊、古罗马和近代英、法、德、美、俄等西方主要军事强国倚仗强大军事能力，在不断地开疆拓土中形成了比较正确的军事人才重要论述。这些国家领导人和军事家关于军事人才的睿智之思不乏合理成分，是中国共产党形成军队人才建设理论的有益参照。

关于军事人才的地位作用。西方崇尚英雄，重视军事人才的领导才干和示范作用。古罗马人认为军队以少胜多，“不是由于有较优地势，也不是由于敌人的过失，而是由于优良的将才和士兵的勇敢。”古罗马的军事统帅普遍认为战争中必须首先要有一支自己的军队，金钱和土地等利益是造就军队的利器，汉尼拔、马略、恺撒都特别重视建立忠诚于自己的军队，极力以利益收买官兵，论功行赏以获取忠诚。韦格蒂乌斯认为，即使在战斗最困难的时刻，如果将帅坚韧不拔，仍可带领部队大获全胜。

关于军事人才的选拔条件。西方军事家认为军人的优良素质是建立优秀军队的基本条件，军事人才的选拔无关性别而重在忠诚。韦格蒂乌斯在《兵法简述》中开篇指出，战争胜利并不完全取决于人多或作战勇猛。军事人才武艺精湛，熟谙兵法且训练有素才是胜利保证。他认为罗马之所以能征服世界，靠的是军事训练，靠的是军事技艺和军事素质。韦格蒂乌斯认为，这些对于准备争战的人来说至关重要，它们能帮助你保全生命，赢得胜利”。柏拉图对于城邦守卫者（军事人才）的选拔对象不限性别，认为有相同才能的男女都适宜担

任国家保卫者的职务，只是女人相比男人柔弱些。亚里士多德认为，想担任最高职务、执掌最高权力的人，必须效忠所属政体，必须具有胜任岗位职责的才能，必须具有善德和正义，尤其是在选拔各类军事职司时，“自然需要丰富的经验和为国效忠的忠诚”。

关于军事人才的教育培养。西方军队培养军事人才有明确的培养目标和丰富的教育内容。古希腊斯巴达人强调先天因素和后天因素并举，抓住“种”“苗”“育”三个重要环节。他们提倡优生，不惜采取一切办法最大限度地优化人种；通过国家严格筛选“苗子”，甚至不惜遗弃劣质婴儿以改良种族；强化严格军事化训练，建立全希腊最强大的陆军。正如柏拉图指出的“培养教育的作用”，有利于造就人良好的身体素质，产生比前代人更好的体质，从而有利于人种的进步。他主张城邦守卫者（军事人才）需要有最多的知识和最多的训练。在教育内容上，他主张“一个军人的必不可少的本领”是“能计算和数数”：几何学有助于排列军事队形，天文知识对行军作战有利。雅典人的军事人才培养观比斯巴达人更进步、更健康些：在培养目标上不仅要把年轻人培养成为军事人才，而且要把他们培养成多才多艺、能言善辩的人；在培养内容上既重视军事训练，也重视军人体、智、德、美的全面发展。阿庇安认为，士兵的“勇敢多半是由于训练的关系，而不是由于种族的关系”。

（二）近现代西方主要强国军事人才重要论述

近现代科学技术革命发初于西方，技术革命带动西方一些国家生产力、社会经济得到迅猛发展。西方各主要强国的军队建设理论也相继发展起来。随着资本和资源的理念进入军队领域，军队人力、人才作为一种宝贵的资源为西方军队所重视。以人力资源管理为主要形态的军事人才重要论述在西方主要强国的军队中得以广泛运用与发展。

关于军事人才的地位。二战英军统帅蒙哥马利认为，“在战争中，人是最重要的”。他认为打胜仗固然需要坦克和大炮，但是真正重要的是“坦克里面和大炮后面的人”。军事上如若惨败，那么基本原因就是错误的指挥，或是低劣的参谋工作，或是忽视了人的因素，或兼而有之。他认为人的因素是取得军事胜利的首要方面，所以主张指挥官的选拔应根据过去的战绩、成绩、领导才能和工作能力，且一经选定就要寄以信赖，并给予最大限度的支持。英国军事历史学家和军事理论家富勒对军事人才也很重视，认为“主帅之本身系乎战争之胜败，兵可伤，而主帅不可伤，兵可动，主帅不可动，军队最危险之点即最关荣誉之身，主帅之重要也”“将帅未来战争之重要问题也”。

关于军事人才的素质。德国军事理论家克劳塞维茨在军事天才的素质评价中重视精神成分。他主张军事天才是各种精神力量的“合金”：物质是刀柄，精神才是真正的锋利的刀刃。他认为军事天才本质上是高超的精神力量在军事活动中的综合表现。在《战争论》中，他提到一般军事人才的素质要求，指出战争是充满危险、劳累、不确定性、偶然性和意外事件的领域，因而军人应该具备的首要品质是勇气，需要一定的体力和精神力量，需要智力，需要眼力和果断及机智（出色地处理意外事件的能力）。此外，克劳塞维茨对统帅和各级指挥官应该具备的素质做了较为具体的论述，尤其是对军事统帅，以其独具的慧眼和智慧的头脑，提出了很深刻的重要论述：“卓越的统帅必须是杰出的战争家”“军事统帅必须善于思考大问题”“军事统帅的素质是在实践中提高的”“军事人才必须有良好的武德”。

关于军事人才的培养和选拔。克劳塞维茨重视战争实践对军事人才的锻炼，认为任何一种实践都无法取代战争实践。战争实践能够使军事人才获得宝贵的品质，能够锻炼军事指挥官的判断力和思考力。拿破仑的用人之道是不论出身，主张有能者居之，无出身之别。俄国彼得大帝和拿破仑用人的重要论述如出一辙，他唯才是举，认为“国王造就不出伟大的大臣，而群臣却能造就伟大的国王”。他大胆启用忠于沙皇事业的外国人如瑞士人弗朗索瓦·勒富尔，吸纳其富国强兵、治国治军的道理，从国外大量招揽军事人才。

无论是古代还是近代，西方军队不乏一些科学的、积极的军事人才理论和观点。只是由于人才的“拥有者”或是研究者处于不同的立场，世界观不同，很多观点还不准确，甚至带有阶级的偏见，很多问题处于争论和探索中，还没有完整地揭开人才的奥秘，缺少科学的理论体系支撑。因此，我党在借鉴西方军事人才观之时，对于其中正确军事人才理论的选择参照必须建立在马克思主义科学理论体系的基础之上。

第二节　新时代加强军队人才建设的重要意义

一、实现强军目标的战略要求

高素质新型军事人才是国防和军队建设事业发展的第一战略资源和最宝贵的财富。在当今时代，人才优先发展，人才带动发展，人才决定发展，谁拥有一流人才，谁就能掌控发展的主动权。我们必须站在实现强军目标的战略高度，深刻认清和把握加强人才建设的重要性和紧迫性，瞄准强军兴军人才需求点、军队人才建设薄弱点、未来战争人才制高点，确立人才优先发展战略布局，拓宽人才建设思路，强化人才工程落实，使军队人才建设水平实现质的跃升。

高素质新型人才关系军队建设全局，关系未来战争胜负。我们必须深刻把握人才对强军兴军的决定性作用，充分认清人才是我军建设实现大发展最紧缺的资源，是我军未来能打胜仗最关键的因素，科学确立人才优先发展战略布局，投入更大精力、集中更多资源，为实现强军目标提供坚强有力的人才保证。

二、军事斗争准备的核心问题

当今世界，谁拥有一流技术，谁就能掌控战略主动；谁拥有一流人才，谁就能拥有世界未来。世界军事变革的实质是科学技术进步及其军事应用，但其核心是人才的竞争。当前世界军事领域围绕人才和科技的竞争日趋激烈，我军现代化建设和军事斗争准备加速推进，这对我们培养军事人才、推进军事理论和军事技术创新提出了更高要求。我们必须强化人才竞争意识，加快优秀军事人才培养，始终做到：军事斗争准备样式怎么变化，人才建设模式就怎么调整；军事斗争准备拓展和深化到哪里，人才建设就跟进到哪里。我们必须牢牢掌握未来战争主动权。

军事斗争准备是强军兴军的基本实践活动，而其中最根本的准备是人才的准备。当前，我国面临的安全形势十分严峻，来自海上、陆地边境等各方面的威胁和压力与日俱增。千军易得，一将难求。一旦有战事，必须有大批优秀军事人才挺身而出、决战决胜。谁拥有人才优势，谁才能掌握军事斗争的战略优势，我们必须加快优秀军事人才培养，始终做到：军事斗争准备拓展和深化到哪里，人才建设就跟进到哪里；战争形态和作战样式怎么变化，人才建设模式就怎么创新。我们必须确保部队在关键时刻召之即来、来之能战、战之必胜。

三、破解我军根本性矛盾的关键之道

当前，我军信息化建设进入加速发展的新阶段，武器装备更新换代进程加快，部队技术构成日益复杂，知识密集程度不断提高，科学技术对战争形态和作战方式影响日益深刻，这些都对我军人才建设提出了新的更高要求。随着我军武器装备和新型作战力量快速发展，人才匮乏问题将越来越突出。我们必须正视问题差距，聚力强军之要，瞄准强军之需，坚持把破解人才建设的“瓶颈”和难题作为强军兴军、增强军事竞争实力的战略抓手，努力培养能担当强军重任的优秀军事人才，以推进军事理论和军事技术创新的更多成果，跨入世界先进军事水平的行列，把握打赢现代化战争的主动权。

第三节　新时代党的军队人才建设的主要内容

人才是建军治军的根本，随着国家综合实力的不断增长，军队作战方式也发生了翻天覆地的变化，凭士兵规模、数量及武力搏斗的作战方式已经退居次要地位，而采用一些高精尖的方式融合其中的作战方式已经成为主流，与此变化相适应的就是，军队士兵不仅需要过硬的身体素质还要精通一些新武器装备的研发、使用及维修。因此在新时代的军队国防建设中，培养及招募具有高素质、高专业水平、高身体素质的综合性人才成为突出任务。

一、确立人才培养和人才选用的正确导向

确立和坚持正确的导向，以强军目标要求引领和贯穿军队人才建设各领域和全过程。

（一）目标导向

目标是行动的出发点和落脚点，人才培养和使用必须有正确的目标引导。确立正确的人才培养和使用目标，才能够科学制定人才素质标准，科学设计人才制度安排，不断提升人才队伍建设的质量和水平。我们必须把落实听党指挥、能打胜仗、作风优良的目标要求作为根本导向，按照能够担当强军重任的人才培养和使用目标，加强顶层设计，搞好目标分解，引导不同岗位人才增强担当意识，把个人成才目标融入整体强军目标，同心同德、凝心聚力为强军兴军贡献聪明才智。

（二）标准导向

人才标准是培养和选用人才的基本依据，以什么标准来育人和用人，对人才建设具有重要的导向作用。军队是执行特殊政治任务的武装集团，军队的干部和人才标准，除了要遵循全党“20字好干部标准”共性标准以外，还必须确立同履行军队的使命任务相适应的更高的标准。首要的是政治标准，必须在任何时候、任何情况下听党指挥。要坚持从政治上考察和使用干部，确保枪杆子始终掌握在忠于党、经得起风浪考验的可靠人手中。这一条必须牢牢把握住，任何时候都不能放松。同时，还要确立打赢标准，也就是以战斗力这个唯一的根本的标准来选用人、培养人。全军把战斗力标准贯穿到军队建设全过程和各方面，其中贯穿于人才建设无疑是最大的导向。要坚持以此标准选用人才。对于军人来说，能打胜仗是真本领和硬功夫。只有擦亮打仗这个标准“刻度”，

坚持按照打赢标准选人用人，才能让能打仗的干部和人才脱颖而出，军队打胜仗才有希望。因而，一定要以此作为选贤任能的标准，真正把想打仗、谋打仗、能打仗的干部选出来、用起来，用当其时、用当其位，切实为未来打赢信息化战争提供坚强组织保证。要坚持以此标准培养人才。要细化能打仗、打胜仗的要求，形成具体的标准要素体系，引导和激励官兵苦练打赢本领、提高打赢素质，尤其院校教育要坚持面向战场、面向部队的指示，围绕实战搞教学、着眼打赢育人才，切实做到教为战、学为战、练为战，使培养的人才符合部队建设和未来战争的需要，向着部队、实战、未来贴近再贴近。

（三）风气导向

用人风气是人才队伍建设的“风向标”。选人用人公不公、好不好、准不准，有着十分重要的导向作用。用一贤人则群贤毕至，见贤思齐就蔚然成风；用人风气不正，歪门邪道、旁门左道就会蔓延。要坚持德才兼备、以德为先，坚持五湖四海、任人唯贤，树立注重基层的导向、注重实干的导向、注重官兵公认的导向，增强选人用人的科学性、准确性、公信度。当前，最需要的是按照“两个坚持、三个注重”的选人用人根本原则，匡正选人用人风气，坚决反对任人唯亲，反对找关系、跑门路，反对打招呼、递条子，反对一切形式的跑官要官、买官卖官，反对山头主义、拉帮结派、搞“小圈子”和人身依附。破除歪风邪气，解决用人不公问题，关键在于必须立党为公、公道正派，摒弃以个人感情、关系、利益等非德才因素选人用人的“潜规则”，坚持素质取人、实绩取人、公信取人，严格按原则、按政策、按规矩、按程序办事，绝不能让投机者得利、老实人吃亏，作秀的得利、优秀的吃亏，善“点菜”的得利、善“点兵”的吃亏。

（四）制度导向

制度安排是端正风气、健全机制、提升人才建设效益的重要保障，同时也能起到稳定、长期的导向作用。对于军队人才建设制度安排，要以深化干部政策制度调整改革为重点，来推进军事人力资源政策制度改革创新，并将此列入国防和军队建设改革的总体部署中。从整体上讲，下一步需围绕实现军官职业化、文职人员管理一体化、士官队伍专业化，着力改革军官和士官服役、分类管理、选拔任用、培训交流、激励保障、退役安置等制度，构建科学合理、运行顺畅、充满活力的军事人力资源管理使用机制，不断增强我军人才建设政策制度的比较优势。从具体方面讲，必须在重要领域和关键环节实现突破，较为迫切的是要强化两个方面的制度导向。一是应强化注重作战部队和基层一线的导向。培养和选用人才都要向基层和作战主体部队倾斜，把在基层一线、作战部队或边海防部队工作的经历作为培养使用干部的必备条件，并规定明确比例，从制度上拓展这些干部成长发展的空间。二是应强化对干部公正考核、考用一致的导向。原总政治部为匡正选人用人风气，提高选人用人的科学性、准确性、公信度，颁发了《关于进一步加强和改进干部考核工作的意见》。该意见围绕强军目标的新要求确定了考核内容和标准，突出了听党指挥的政治要求、能打胜仗的素质本领、真抓实干的务实作风、履职尽责的实际成效、秉公用权的官德操守，体现了好干部标准的时代内涵。关键是要增强考核选拔任用机制的执行力，切实按标准全面准确考核，并做到考用一致，而不能漠视考核结果，考用脱节。严格实行问责制，对考核失真、用人失察失误问题严重的必须追究责任。

二、明确军队人才目标要求

一是牢固确立“能够担当强军重任”的人才培养目标。目标是我们行动的出发点和落脚点，是我们顺利推进各项工作的路径抓手。只有牢固确立正确的人才培养目标，才能够科学制定人才素质标准，不断提升人才培养质量和水平。实现强军目标，必须要有一大批高素质、敢担当的建军治军骨干。要全面贯彻党的教育方针，深入研究现代军事教育特点和规律，坚持走以提高质量为核心的内涵式发展道路，努力培养造就能够担当强军重任的优秀军事人才。这一重要论述，深刻揭示了强军目标对军事人才培养的内在要求，深刻阐明了“能够担当强军重任”是新型军事人才的培养目标。必须按照“能够担当强军重任”的人才培养目标，把围绕打仗要求培养人才作为人才培养的根本指向，加强人才培养顶层设计，科学制定军事人才素质标准，不断提升人才培养质量和水平。

二是始终坚持“面向战场、面向部队”的人才培养方针。人才培养方针具有重要的路径指向和行动导向，必须与时俱进、科学确立。因此，院校教育必须与时俱进，坚持面向战场、面向部队，围绕实战搞教学、着眼打赢育人才，使培养的学员符合部队建设和未来战争的需要，向着部队、实战、未来贴近再贴近，要采取超常措施培养部队急需人才。必须按照“两个面向”的人才培养方针，牢记职能使命，把提高战斗力作为根本出发点和落脚点，坚持部队需要什么样的人才就培养什么样的人才，打仗需要什么就教什么、练什么，切实做到教为战、学为战、练为战，为形成体系作战能力提供有力的人才和智力支持，为培育军队战斗力新的增长点超前培养和储备人才。

三是切实树立“两个坚持、三个注重”的选人用人导向。政治路线确定之后，干部就是决定的因素；选人用人公不公、好不好、准不准，对于高素质干部队伍建设有着十分重要的导向作用。必须按照“两个坚持、三个注重”的选人用人根本原则，把实现强军目标作为衡量和选用干部的标准，牵引党委选拔干部用能打胜仗衡量，做到打仗需要什么样的干部，就选用什么样的干部，真正把思打仗之策、练打仗之技、务打仗之效的干部选出来、用起来，用当其时、用当其位，切实为未来打赢信息化战争提供坚强的组织保证。

四是坚决落实“人才强军战略”的重大部署。加强高素质干部队伍建设，大规模培养高素质新型军事人才，是实现强军目标的战略性要求。因此，必须按照“实施强军战略”的重大部署，坚持院校优先发展，把人才队伍建设摆到战略位置，大力实施人才战略工程，采取有力举措，提升能力素质，努力使队伍建设整体水平有一个大的跃升。

五是努力构建“三位一体”的新型军事人才培养体系。科学合理的人才培养体系是人才成长的重要支撑，也是促进人才适应形势任务需要终生学习、与时俱进，不断提高自身能力素质的重要保障。必须按照高素质新型军事人才培养根本要求，在构建“三位一体”的新型军事人才培养体系上使劲，把军队人才建设植根于国家经济社会和人才发展体系之中，盘活军事人力资源，吸引和集聚更多优秀人才。

三、突出军队急需人才建设

（一）提升人才适应关键岗位的核心能力

着眼于现代化战争作战样式和作战力量的发展变化，必须把联合作战指挥人才、新型作战力量人才培养作为重中之重。在新的历史条件下，我军人才建设从“五支队伍”“四个方面”的人才建设，到把联合作战指挥人才、新型作战力量人才培养作为重中之重，标志着我军对人才建设“瓶颈”的认识不断深化，人才建设的重点越来越聚焦。我们应树立重点人才优先发展的理念“采取超常措施培养部队急需人才”，按照特事特办、急事急办的思路，对急需人才坚持优先配置、优先开发、优先保障，推动联合作战指挥人才、新型作战力量人才快速成长。培养急需人才的重点是提升人才适应关键岗位的核心能力。核心能力作用于其他各种能力，影响着其他能力的发挥。联合作战指挥人才的核心能力，表现为既具备过人的本专业组织指挥能力，又具备良好的联合素质并且出类拔萃，对联合作战战场具有很强的协调控制能力。因而，必须紧紧围绕专业能力来提升联合素质，使联合作战指挥人才在“专”的基础上擅长于“联”。新型作战力量人才的核心能力，表现为能够熟练操作信息化武器装备，并转化为实时感知、高效协同、精准打击等信息化作战能力。新型作战力量的对抗，实质上加剧了人的意志和智力的博弈和较量。因而，要着力培养人才的战斗精神和智力素质，使蕴含在新型武器装备中的知识和智能含量转化为新型战斗力，使新型作战力量成为未来军事斗争决战决胜的“撒手锏”。

（二）健全三位一体的新型军事人才培养体系

对于新型军事人才培养体系的建立，十八届三中全会中就已经明确提出，发展军队院校教育，实施实战训练，培育新型全面发展的军事人才，确立新型军事人才的培养机制，明确培养目标，为中国强军梦输送新一代的军事人才。在军队人才培养机制中，军事院校是其中的重要组成部分，目前军事院校的改革首先要从教学理念开始，树立正确的教学理念，在更新理念的基础上更新教学内容，创新教学模式，促进军事人才培养机制的完善。同时指出，军事院校教学的质量直接关系着军队的战斗力和军队的发展水平，所以军事院校在培育人才时要紧扣军队的需要，具有长远眼光，紧跟世界军事发展的趋势，在人才培养模式上有所创新。除此之外，也要紧扣国家教育战略方针，另一方面，师资力量也是军队人才培养体系中的重要因素，前线拥有实战经验的教师队伍，才能从实际需要的角度培育更加优秀的军事人才。军人的职业素养是军队的灵魂，提高军人素养，才能从根本上提高我国军队的现代化水平，所以说要想培养新时代军事人才，首先要加强军事职业教育，提高后备军的职业素养。《关于加快发展军事职业教育的实施意见》对职业素质教育做了整体的规划，确立了职业素养教育的目标，军人在身体上不光要有过硬的本领，在知识上也要充分武装，时刻为战斗做好准备，为建设新型的强大军队而不断提升武器装备和技能装备，做一名能打胜仗的新时代军人。

（三）深化军事教育训练改革

我们培养的人才是要准备打仗、指挥打仗、参加打仗的，必须把围绕打仗要求、紧贴未来实战需要培养人才作为深化军事教育训练改革的根本指向。必须抓好院校这个兵之初、官之源，坚持走以提高质量为核心的院校教育内涵式发展路子。要把好质量起点，集聚一流生源，抓住质量关键，打造晓于实战、勇于创新的师资队伍，推动从注重数量规模向注重质量效益的内涵发展；要紧贴军事斗争准备和新型作战力量建设紧迫需求，深化教育教学改革，创新人才培养机制，采取超常措施培养部队建设和未来战争急需人才；要坚持开放办学，拓展与国内外一流大学、世界著名军校联合培养人才的途径，培养具有国际视野和国际竞争力的高端军事人才。必须抓好军事训练这个增强官兵综合素质、锻造打赢本领的重要平台，坚持紧贴未来实战需要，深化军事训练改革。要牢固树立实战先实训的意识，着力更新组训观念，深化训练方式改革，打造复杂训练环境，完善考评机制，坚持从实战需要出发，从难、从严训练部队，在近似实战的环境下摔打、锻炼部队，提高军事训练实战化水平。加强军事职业教育是信息时代军队提升综合竞争力的战略选择，必须坚持紧贴未来实战需要，创新军事职业教育模式。要坚持以信息素质为核心，改革军事职业教育内容，以慕课课程为突破，创新军事职业教育模式，以联合教育为抓手，提升军事职业教育效率，探索建立以提高综合素质为核心的军事职业教育体系，推动官兵综合素质不断提升。

四、加强军队高端人才建设

（一）实施高层次科技创新人才工程

高端军事人才，主要是指军队高层次专业技术人才，包括科技领军人才和学科拔尖人才等。这支队伍关系到基础性、前沿性、战略性技术领域和重大课题的突破，关系到新型武器装备快速形成作战能力和保障能力，关系到我军建设向信息化的整体转型。为了加快高端人才培养，我军实施了高层次科技创新人才工程，注重在创新实践中发现人才，在创新活动中培育人才，在创新事业中凝聚人才，取得了既出成果又出人才的成效。实施这一工程，是培养高端军事人才的有力抓手。应继续组织引导培养对象聚焦强军目标，围绕军事理论、武器装备、信息技术等关键领域的急需项目，专注于科学研究、实验开发和推广应用，着力破解制约部队战斗力生成提高的难题，在科研攻关中催生人才，抓紧弥补主干专业高端人才的缺口，打造引领军事科技发展、担当强军重任的高端军事人才方阵。院校是培养高端军事人才的主渠道，要深化院校的教育教学改革，加强对院校办学思路、教育体制、教学模式等改革的研究探索，破除不利于高端人才和创新人才成长的教育观念和培养模式，确立新观念，构建新模式，走出一条有利于高端军事才成长的新路子。

（二）打造高层次人才队伍

现阶段我国组建的军队构成中，人才的储备尚待改善，精通新型武器研发、使用及一些情报信息工作的专业人才较少，真正能适应与赶超新时代作战方式的士兵尚少。因此培养与高精尖技术作战方式相匹配的士兵成为当务之急，因此近年来，在党和国家的号召下，军队着力提高人才的军事指挥能力，不断教育引导人员认清“学打仗”“谋打仗”“练打仗”的硬任务。国家也投入更多的人力、财力、物力进行军队人才的培养工作，扩大了大学征兵的范围，通过增加减免学费、保留学籍等优惠政策吸引更多的大学生加入征兵活动中来，较好地提高了部队士兵的整体学习能力，同时在服兵役期间，通过将士兵精准划分，培养每一技术的专业兵种，鼓励士兵服兵役期间勤思考、多学习，对于表现优良的士兵给予丰富多样的奖励政策，同时也鼓励士兵服兵役期间不断学习、不断深造，增加了很多考学机会及深造机会。军官选拔制度也与人才培养紧密衔接。根据相关报道，近三年来全军和武警部队涌现出 5800 多个军事训练一级单位，2.5 万人获得了“爱军精武”标兵等称号，还有 1.5 万余人获得全军士官优秀人才奖，部队人才培养取得突出成效。国家通过投入大量的资金及平台，相比服务于地方的专业技术人员，服务于军队的专业技术人才有着很多大相径庭的地方，因此在保证军事保密的情况下，增加了这部分专业技术人员的自主性及创造空间，同时通过给予称号及认可，增加了部队这部分人才不断学习、不断进步、不断创新的动力。

（三）历练各级领导干部能力素质

当前，军队建设内外环境变化十分深刻，军事斗争准备任务十分繁重，我们面临着难得的机遇，也面临着前所未有的风险和挑战。各级领导干部要有本领恐慌和知识危机意识，主动加快知识更新、优化知识结构、丰富知识储备，打牢履职尽责的知识、能力基础。要敢于担当、能够担当，坚持原则不退缩，敢作敢为不推诿，尽心竭力不懈怠，为实现党在新形势下的强军目标贡献全部聪明才智。要加强党性修养，在大是大非考验中、在与不正之风斗争中、在处理解决各种复杂矛盾和棘手问题中锤炼党性，始终做到党的原则第一、党的事业第一、人民的利益第一。要深入一线、靠前指挥、破解难题，努力在实践中练本领、长才干，在急难险重任务中经风雨、见世面。要高度重视优秀年轻干部培养选拔工作，形成梯次配备合理的干部队伍结构，确保军队各级领导班子始终充满活力、后继有人。

（四）推进干部政策制度调整改革

干部政策制度是端正用人风气、健全用人机制、提升用人效益的制度保障。推进干部政策制度调整改革，必须坚持党管干部和党指挥枪的原则，加强理论研究和顶层设计，增强改革的系统性，明确改革的路线图，逐步建立适应现代军队建设和作战要求、系统完备、科学规范、运行有效、成熟定型的干部制度体系。必须发扬啃硬骨头的精神，围绕破解影响战斗力生成的重难点问题和突出薄弱环节深化制度改革，探索形成适应中国特色现代军事力量体系的人才发展模式，推动军队人才建设科学发展。必须着眼建立中国特色军官职业化制度，抓住军官服役、分类管理、任职资格制度等关键性问题，努力在重要领域和关键环节实现突破。

五、抓好军队适用人才建设

（一）构建军队科学合理的人才培养体系

军队人才建设更多是培养适合于各个岗位，在一线作战、训练和操作的部队适用人才。要看到，伴随我军现代化建设的发展和使命任务的拓展，适用人才的素质“门槛”也更高，人才培养的任务也更为繁重。科学合理的人才培养体系是部队适用人才成长的重要支撑，要构建军队院校教育、部队训练实践、军事职业教育“三位一体”的新型军事人才培养体系，加快部队优秀人才的成长。因此，首先，要以改革创新精神深化军队院校改革，牢固树立面向战场、面向部队培养适用人才的理念，建立同部队向信息化转型发展相适应的新的学科群，增加与部队作战、训练任务对接的课程比重，加大院校教员同部队、机关干部的交流力度，着力打造晓于实战勇于创新的师资队伍。其次，要努力在部队实战化训练中培养适用人才，发挥岗位练兵育才功能，引导官兵立足本职岗位，在运用新装备、研究新战法、解决新问题中历练成才；尤其要在急难险重任务中锤炼人才，引导官兵经历难事、急事、大事、复杂的事，努力在军事斗争一线练本领、长才干，在急难险重任务中经风雨、见世面。

（二）开发管理用好军事人力资源

中国军官管理制度的改革要从关键入手，建立职业化管理制度，分类别设立不同的人才培养模式，在关键领域和重要环节不能放松，根据我国军官服役制度现阶段存在的问题和挑战，完善人才培养体系，实现各方面的突破。当前世界形势和我国地位的转变，以及科学技术的迅猛发展，使得我国当前的军官服役制度已经与军队发展的步调存在偏差，很多政策也限制了新型军队的建设力度，阻碍了军队全方面人才的培养计划，对此，我国也意识到军队的管理机制需要更新完善，探索更加适应新型军事化的军事人力资源制度。同时，我国有关军队管理的法律法规存在滞后性，很多新型军事管理制度存在法律文件上的空缺，为了更加科学合理地培养优秀军事人才，为军官的培养、任职、训练、退役安置等方面提供有效的政策体系，为我国军队建设提供可靠的保障。当前，我国文职人员数量还不多，特别是针对军队管理的人才培养体系并没有得到足够重视，没有建立科学统一的文职人员使用机制，在人员选择、工作培训、管理目标方面都存在很大的漏洞，推进文职人员在军队中的任职制度，将会大大提高军队管理效率，节省管理成本，增强我国军队的建设的现代化水平。每一个官兵的切身利益都关系到我国军队的战斗力，关系到我国国防的稳固，因此，有关军队官兵的政策条例，也是完善我国军队现代化建设的基础。党的十八届三中全会上，对于我国军队管理制度提出了更高的要求，针对新时代的军队硬件建设要求，应完善军队管理制度，建立军队骨干培养机制，为我国的军队提供更多的人才，也要完善论文退役制度，以凝聚军心，确保军队的牢固。

（三）多举措提升军队人才队伍素质

推进人才队伍建设任务紧迫。可以预见，随着我军武器装备和新型作战力量快速发展，人才匮乏问题将越来越突出。全军要积极想办法，抓紧解决这个问题。破解人才匮乏问题，客观要求我们必须采取超常措施培养部队急需人才。

一是瞄准新型作战力量优化人才结构。军队人才规模结构和力量编成，是由国家安全需求和军队使命任务决定的，是人与武器装备有机结合、生成和提高部队战斗力的关键要素。人才匮乏，其实质不是人才数量匮乏，而是人才结构和力量编成不合理。积极推进我军信息化主导的机械化信息化复合发展，提高基于信息系统的体系作战能力，必须瞄准新型作战力量建设，调整优化现有人才规模结构。这就要求我们必须调整改善军兵种比例、官兵比例、部队与机关比例，减少非战斗机构和人员。必须依据不同方向安全需求和作战任务改革部队编成，推动信息化建设加速发展，完善新型作战力量领导体制，扎实抓好新型作战力量建设，大力发展高新技术武器装备。必须围绕战略预警、军事航天、防空反导、信息攻防、远海防卫、无人作战、指挥控制、新概念武器等重点领域，创新设计人才培养体系，优化调整专业结构，加大培养新型作战力量建设紧缺专门人才的力度。

二是瞄准人才适应关键岗位的核心能力推进军事职业教育。当前，世界军事技术领域发展日新月异，我军改革发展幅度不断加大，部队技术构成日益复杂、知识密集程度不断提高，对人才适应关键岗位的核心能力提出了更高的要求。大力推进军事职业教育，既是打牢履职尽责素质基础的必然要求，也是提升适应关键岗位核心能力的迫切需要。这就要求我们必须坚持紧贴未来实战需要创新教育模式，运用好远程网络教育等多种渠道，搭建全员、全时、全域军事职业教育平台，开展大规模在线课程教育，扩大优质教育资源受益面。必须进一步加大创建学习型军营的力度，拓宽官兵学习渠道，推进教育培训向素质教育、终身教育创新发展。必须狠抓干部任职教育，积极办好各种类型的短训班、轮训班，迅速提高新任干部适应关键岗位的核心能力。

三是瞄准发挥装备效能提高官兵科技素质。先进武器装备只有同高素质军人有机结合，才能形成强大的战斗力。世界军事变革的实质是科学技术进步及其军事应用，科技素质是感知未来战争神经的触角。这就使得官兵科技素质成为有效发挥装备效能，切实提升部队战斗力的关键因素。瞄准发挥装备效能提高官兵科技素质，必须以问题研究为导向，以科技知识、装备应用、战法创新的紧密结合为主线，创新教育模式，加大教育力度，把以信息素养为核心的现代科技素质进一步突出出来。必须深化信息化建设培训内容和方法改革，根据部队需求举办新装备培训班，有效提升各级干部组织运用武器装备的能力和水平，解决好部队战斗力生成过程中专业技术人才匮乏问题。必须通过实战化军事训练，在技能训练、智能训练与战术训练的高度融合中提高官兵战斗技能和科技素质。

六、以强军目标培养新型高素质政工人才

为政之要，首在得人。培养高素质新型政工人才，是当前军队重要论述政治建设坚持以党在新形势下的强军目标为指导，贯彻落实我国关于强军兴军、关键靠人才的指示，有效提高军事斗争政治工作准备质量效益的紧迫课题，同时也是我军部队和院校一项共同的艰巨的使命任务。

（一）实现强军目标需要高素质新型政工人才

重视政治工作必须首先重视培养政工人才。在革命和建设的各个时期，我军都拥有一大批重要论述觉悟高、实践经验丰富、综合素质过硬的优秀政工人才，他们在血与火的战争年代中，在新中国建立以来的各个阶段，自觉肩负使命责任，充分发挥了我军政治工作的巨大威力，为党和军队的伟大事业建立了不可磨灭的功勋。历史和现实经验证明，政治工作是我军克敌制胜，成为威武之师、文明之师的重要法宝。党在新形势下的强军目标，对培养高素质新型政工人才，坚持我军政治工作是我军的“生命线”地位作用，提出了更高的要求。

重要论述政治素质的要求更强。听党指挥是强军之魂，决定了政工干部培养的根本方向，就是必须紧紧围绕“绝对忠诚、绝对纯洁、绝对可靠”这一普遍性要求，进一步加强政治素养、理论素养和战略素养的培养，尤其要强化政治定力和免疫力，增强政治意识、政权意识和使命意识，使培养的政工人才善于从政治高度熟练地观察、思考、分析、解决问题，不为风险所惧，不为干扰所惑，确保在大是大非面前不迷向、不丢“魂”、不失控。

军事素养的标准更高。强军的目的在于胜战，能打胜仗是指战员素质的核

心。对政工人才培养而言，就是要使所育人才拥有较高的军事素养，主动“思战”“谋战”“胜战”，既有组织开展政治工作的扎实的专业基础，又具备深厚的军事素养，“军政兼通、军政兼优”的综合素质过硬。此外，还能够充分发挥政治工作的作战功能，扎实有效地指导和开展“三战”训练演练，充分激发官兵的战斗精神，锤炼过硬的战斗作风，确保政治工作始终围绕“能打仗、打胜仗”这个强军之要真抓实干、高效运转。

作风形象的要求更严。强军目标强调“作风优良”，这就要求政工人才培养中必须把勤“政”务实、敢于担当、清正廉洁等基本特点作为着眼点。勤“政”务实，就是要培养勤勤恳恳、孜孜以求的精神状态，练就组织开展政治工作时“实、细、新”的耐力和韧性。敢于担当就是能够紧紧围绕战斗力标准，对于做好政治工作具备强烈的责任意识、忧患意识，面对政治工作中的现实难题，知难而进，主动作为，积极研究探索具体对策。清正廉洁就是要培养自我严格要求、坚持原则讲诚信、模范带头形象好等素质，能够以自身良好形象充分发挥政治工作的权威性、感召力、凝聚力。

（二）院校要在培养高素质新型政工人才中有更大作为

革命战争年代，通过战争学习战争、掌握战争规律是我军人才培养的主要途径。但从黄埔军校、抗日军政大学、美国西点军校等国内外著名军事院校来看，院校系统的军事教育渐渐受到重视，占据主流，并被纳入军事人才培养的大战略中。特别是在和平条件下，没有现实的战争实践，院校人才培养的地位就显得尤为重要。我们要培养高素质新型政工人才，就必须紧紧围绕强军目标，紧贴强军实践，着眼政工人才的特点，不断推进院校教育向实战聚焦、向部队靠拢，充分体现使命担当。

创新育人理念。树立“择优择重而为”的培养理念，以战斗力为标准，充分发挥院校的育人优势，坚持打仗需要什么样的政工人才，院校就培养什么样的政工人才，部队政工人才需求什么就培养什么，做到仗怎么打、人才就怎么培养，形成人才培养全程动态的呼应机制。树立“着眼学员职业素养养成与发展”的培养理念，以促进军人职业生涯发展为主线，实施职业精神、军政技能和个人发展的一体化培养。树立“致力于提升学员核心能力”的培养理念，把握军事任职教育的根本职能和价值取向，把学员适应战场、胜任岗位的核心能力作为人才培养工作的重中之重。

优化人才培养目标。紧紧抓住听党指挥这个根本，扎实搞好理想信念和军魂教育，确保培养的人才头脑中深扎马克思主义世界观、人生观、价值观的根子、深扎中国特色社会主义道路、理论体系和制度的根子，深扎党对军队绝对领导的根子。紧紧围绕能打胜仗这个核心，强化所育人才的职能意识，增强“硕士博士首先是战士”“学员教员首先是战斗员”的重要论述，大力培养适应未来信息作战、联合作战，适应岗位任职需要的新型政工人才。紧紧抓住作风优良这个保证，围绕提高军事职业素养、务实作风和创新能力，切实抓好学员作风建设和日常养成，确保组织纪律严明。

构建新型育人体系。加强构建“举旗铸魂”课程体系。育人之道，铸魂为基，着眼政工人才的特点，突出对中国特色社会主义理论体系与实践、优良传统、党史军史等内容的学习，致力于在追根溯源中坚定理想信念、在回答现实问题中强化政治定力、在培塑铸魂能力中提升理论素养，确保学员在关键时刻旗帜鲜明、政治合格、行动自觉，永远听党话、跟党走。全面构建“强能制胜”课程体系。强军之道，打胜为要，要把“为战教战”作为政工人才培养的根本任务，围绕提高能打仗、打胜仗的本领，强化政治机关日常业务、战时政治工作、基层政治工作指导与开展等业务，广泛采取案例教学、演练教学等实践性教学形式，优化联合作战政治工作课程，突出作战理论、外军联合作战教学研究，切实让学员在实战氛围中学会战略思维、磨砺战时政治工作技能，培养战之必胜的过硬素质。积极构建“职业养成”课程体系。兴军之道，作风为基，要紧盯政工人才的军政素养，特别是战斗精神的培育，注重在近似实战的环境中培养勇猛顽强的战斗作风、战斗意志和战斗品质，构建起由管理工作、文化活动、人文修养等课程构成的育人大格局、大体系，把政工人才培养纳入管理育人、环境育人、文化塑人等综合育人的全过程。

（三）改进创新高素质新型政工人才培养的形式与方法

围绕强军目标，培养高素质新型政工人才，树立什么样的战略思维，具备什么样的战略视野，决定人才培养的路能走多远、登多高、抵达何处。因此，必须积极拓展育人视野、拓宽培训途径，确保政工人才培养战略目标的有效落实。

加强顶层设计。《中共中央关于全面深化改革若干重大问题的决定》中提出，要健全完善与军队职能任务需求和国家政策制度创新相适应的军事人力资源政策制度。以建立军官职业化制度为牵引，逐步形成科学规范的军队干部体系。我军政治工作与社会联系的程度很深、领域很广，素有战斗队、生产队、工作队等优良传统。高素质新型政工人才培养，除借鉴外国军队好的经验做法外，还可结合我军政治工作和政工人才成长规律，形成一套全军统一、规范的政工人才培养培训方案，确立一套系统、科学的政工人才任职资格认证体系，并明确具体的衡量指标。同时培养过程既要把好“入口关”，更要设计好“出口关”，使政工人才的个体都能清楚自身发展路径，增强发展动力。

建立健全联合培养机制。积极开展与作战部队和兄弟院校之间的联教联训，是培养高素质新型政工人才的有效渠道。部队和院校之间要加强协作，在总部的统一部署和规划下，区分阶段性培养任务，编写规范教材，统筹教学内容，实现信息互通、资源共享、人才联培。要大力增强人才培养的衔接性和连贯性，充分发挥院校、教导机构、培训基地师资力量雄厚、信息交流广泛、人才知识密集等优势，以学院教员为主体，以军种院校专家、一线部队领导为补充，以部队实装演训与院校模拟演练为支撑，实现院校与部队、课堂与战场的“无缝对接”，促使政工人才在学习培训中熟悉作战要素，掌握基于信息系统的联合作战政治工作开展程序。此外，还要充分发挥联演联训作用，广泛开展院校与一线部队的交流合作，采取聘请教官任职、选派教员代职、安排学员实习等形式，使各类政工人才在军事实践活动中得到实战或近似实战的锻炼提高。

完善换岗锻炼制度。一名高素质的政工人才至少应该具备中高级院校受训、不同军种和岗位任职代职、组织或参加联合作战训练及非军事行动，以及与外军进行联合演习、军事交流、学术研讨等相关经历，这些经历可以帮助政工人才在实践中锤炼综合素质，精通诸如联合作战政治工作、战时政治工作等业务。因此，需要逐步疏通和拓宽机关部队院校之间、军兵种之间、军政后装之间政工人才交流的渠道，构建一个由低到高、渐进发展，具有连贯性和阶段性的人才成才路径，对任职年龄年限、经历阅历、文化程度、身心素质、专业资质等作出具体规定，使干部逐职级历练、逐岗位过关，实现复合发展。

走开多级培训路子。要积极探索适应继续教育需要的体制框架，增加院校、部队各类政工人才的进修机会。进一步完善相应的配套制度，严格落实岗前必训要求，拟使用到各级主官、机关部门领导等关键岗位的政工干部，必须有基层军政主官、机关任职经历并参加过院校系统培训。鼓励在职干部进行知识补差和技能补训，特别是对于文科背景出身的政工干部来说，要为他们创造条件学习军事高科技知识，以弥补综合素质存在的短板。

第四节　党的军队人才建设的基本经验

综观中国共产党领导军队建设的多年历史，党的军队人才建设理论始终贯穿并发展于军队人才建设实践之中。中国共产党领导军队人才建设从战争年代到社会主义建设现代化新时期，从萌发初步人才认识到确立“人才是第一资源”等新人才观，从军队人才理论初步建构到军队人才建设理论体系趋向完善，军队人才建设已然成为党和军队重点组织领导的一项重要工程，纳入军事战略并上升为国家战略范畴。我党领导军队人才建设的过程中形成的宝贵经验蕴含着指导军队人才建设不断向前推进的重要启示。

一、始终坚持马克思主义理论武装和科学引领

马克思主义理论是我党的军事指导理论的“源头活水”。坚持人民军队的政治根基，坚持推进军事实践发展的正确方向，必须始终坚持马克思主义理论的科学引领与思想武装。建军以来，我军在马克思主义理论，特别是马克思主义军事理论及中国化马克思主义军事理论的科学指导下，不断壮大队伍，扎实推进人才建设实践、不断赢得人才工作科学发展，这充分证明了马克思主义理论在党的军队人才建设指导思想中的“理论内核”地位牢固不变。我党领导军队人才建设的首要经验，正是始终坚持以马克思主义理论、马克思主义军事理论与中国军事实践不断结合形成的党的军事指导理论为科学引领和思想武装。

以马克思主义理论武装推进政治建军方略。政治建军是人民军队的立军之本，是我军的看家本领和优良传统，是我军的最大特色优势，是我军的生命线。马克思主义理论揭示我军与资本主义军队的本质区别，从实践发端确立了我军人民军队的发展轨道，在实践过程中不断指引我军向现代化军队发展。站在新的历史起点，我军必须坚持以马克思主义军事理论为指导，加强思想建党、政治建军，是军队人才建设的一个首要经验。马克思主义理论认为，“无产阶级专政的首要条件就是无产阶级的军队”，揭示出无产阶级政党对无产阶级军队绝对领导的必要性和重要性。早在古田会议，党就确立了我军是无产阶级性质的新型人民军队的根本原则和建设方向。我军作为党的军队，必须执行党的政治任务，始终在党的绝对领导之下。我党在长期的革命与建设实践中，形成了一系列政治工作原则和制度，保证党对军队绝对领导。无论国际战争格局和战

争形势如何变化，我军都必须始终以马克思主义理论武装官兵思想，铸牢军魂，对党绝对忠诚、绝对纯洁、绝对可靠。必须强化四个意识，经常、主动、坚决向党中央和中央军委看齐，绝对、纯粹地维护核心；必须坚持政治工作原则，落实政治工作制度，保证党对军队的绝对领导毫不动摇。

以中国化马克思主义军事理论为指导是军队人才建设正向发展的先决条件。人才建设主体思维理念是推进军队人才建设的观念基础和理论先导。领导者理念是否科学先进，是新时期军队人才建设向上发展、向前推进的关键。坚持以马克思主义基本理论和党的创新理论更新思维理念，才能创新指导军队人才建设实践。开拓创新，关键是解放思想。要勇于冲破思想观念障碍，勇于突破利益藩篱，用新理念、新视野、新方法、新标准推进军事斗争准备和各项建设。坚持以党的国防和军队建设新思想武装领导者头脑，党的国防和军队建设新思想指动态发展的、具有时代性的、进步的思想认识，这些思想认识不断丰富并完善党的国防和军队建设思想理论体系。新形势下推进军队人才建设，必须首先以党关于国防和军队建设新思想，即党在当前新形势下对国防和军队建设的重大问题的新认识新判断来武装领导者头脑，更新思维理念，包括如何认知新形势下强军目标、新形势下军事战略方针、军队建设发展战略、新的历史条件下政治建军方略、全面实施强军战略、抓备战谋打赢、深入推进依法治军、全面加强军队党的建设、实施军民融合发展战略等重大问题的新思想。这些新思想从指导全局的角度为军队人才建设指明了前进方向，是当前军队人才建设开展一切工作的依据。坚持用党的创新理论更新领导者人才建设思维理念，党的创新理论特别是党关于国防和军队建设新思想是新形势下党更新思维理念进行军队人才建设的根本指引。军队人才建设实践中，一些领导仍存在陈旧观念，与建设信息化军队、打赢信息化战争不相适应。突出表现在：对人才地位认识不到位；对高素质新型军事人才的内在要求、质量规模认识不清、把握不准；对培养新型军事人才的战略意识不够强、战略目标不明确；按打仗要求选拔任用人才的使命感、责任感不够强；对军队建设发展趋势认识不清，对未来人才需求预测不准等。

正确运用马克思主义军事理论推进军队人才建设理论与实践发展。马克思主义军事理论是一个关于国防、军队和战争的概念与范畴、原则与原理的科学理论体系。它来源并发展于军队建设实践，具有科学性和先进性，是全面指导军队建设的总的理论基础，为军队各方面建设提供基本原则。马克思主义军事理论与中国军事实践不断结合形成了党的军事理论，包括军事战略和作战理论等，为军队人才建设提供实践依据。党的军事理论是军队人才建设的最高原则，军事理论是以往军事实践的经验总结和概括。军事理论是党的指导理论的军事篇。军队人才建设作为一项重要的军事实践，自然在军事理论统领指导之下。党领导军队人才建设的历史实践表明，我军始终坚持以党的军事理论为根本依据、最高指引和最高准则。如在党“团结一切可以团结的阶级结成最广泛的统一战线”的人民战争军事思想指导下，军队广泛吸收知识分子参军和抽调地方干部入伍参与军队建设。在“质量建军”的军队建设理论指导下，军队人才建设走上精简整编的实践之路。在“五句话”要求的军队建设思想指导下，全军把思想政治建设摆在各项建设的首位，坚定官兵理想信念，打牢思想根基，始终保持政治上的坚定。在科学发展观的思想指导下，各级人才建设工作领导和机关普遍树立以人为本的科学人才观，全面统筹人才工作又好又快可持续发展。在强军目标引领下，军队坚持政治建军、改革强军、科技兴军、依法治军，大力改革军队规模结构和力量编成，推进军队组织形态现代化、构建中国特色现代军事力量体系，以人才为本，推进军民融合深度发展。党的军事理论是对军事问题的一般规律性认识和经验总结；是与时俱进，具有时代特征的理论；是各个时期国防和军队建设理论形成的基础。国防和军队建设理论，是在特定时期发现和解决国防和军队建设的重大问题，研究对策的具体理论。在党的军事理论指引下，国防和军队建设理论具体指导国防领域和军队建设领域中的各项工作，如军队政治与军事科技、军事教育训练、军事后勤和武器装备、军队管理与体制编制、军队体制与军兵种建设、边海防事务等。党与时俱进的军事理论为国防和军队建设提供了基本立场、观点和方法，是制定国防和军队建设政策法规的理论依据，为创新性解决国防和军队建设现实问题提供根本理论依据和最高原则。

二、必须遵循党的人才理论的一般规律和军队人才建设的特殊规律

人才规律是人才成长发展过程中与一定环境或条件综合作用而产生的可重复的一一对应或一多对应关系或概率性重复的联系。军队人才建设作为党的人才建设的重要组成部分，以党的指导思想领导建设，必然遵循党的人才理论的一般规律。同时，党充分认识到军队人才建设的“军属性”，即自身独有的特殊因素与军队特殊环境因素的交互关系决定了军队人才建设还必须遵循军队人才理论的特殊规律。

必须始终以党的人才理论的一般规律为根本指导。首先，人才理论的一般规律客观存在。与自然物质运动规律相同，人才理论的一般规律是客观存在的。人才理论的一般规律其客观性表现在不论人们对它认识或不认识，它都按照本身所固有的客观必然性发挥作用，不以人的意志包括人才建设主体的意志为转移、废除或改造。不论在何时期、何种类型人才，都首先作为一般人才而存在且相互联系。各类人才具有普遍的、一般的属性决定了党的人才理论具有一般规律。人才理论的一般规律始终围绕指向人才建设的核心问题，即人才个体成长和人才群体管理与开发的问题。也就是说，一般规律是军队人才个体成长规律、人才管理与开发规律。细数下来，既有人才个体成才规律，又有人才辈出规律；既有人成其才规律，又有人尽其才规律；既有人成其才规律，又有人才成长规律等。这对于各类人才建设具有基础的、根本的理论指导意义。其次，一般规律反映人才共性。党的人才理论是各类人才管理与建设实践中总结的一般规律，反映了党对各类人才成长成才的共性认识，是引导军队人才建设主体确立科学的、正确的军队人才观的理论基础，是军队人才建设的基本理论依据，对各类人才建设具有普遍指导意义。军队人才建设应遵循这个基本规律或共同法则。军队人才建设主体若违背了党的人才理论的一般规律，人才的成长和开发必然受到影响，甚至遭遇挫折。

必须深化军队人才建设的特殊规律研究。军队人才建设的特殊规律是相对党的人才理论的一般规律而言的。军队人才建设的特殊规律产生于军队人才建设主体、客体和内容与环境的相互关系之中。深化军队人才建设特殊规律研究对于军队人才建设实践具有直接的、具体的、有针对性的理论指导价值。一是从军队人才自身特性中深入探求。无论是军队人才个体还是军队人才群体，都具有区别于一般人才的特性。如强烈的集团性、鲜明的时代性、突出的创造性、显著的层次类别性、可转化性等。这些特性决定了军队人才个体从事的“劳动”较一般人才更为特殊，必须遵循军队人才建设的特殊规律。如军队人才特殊的政治素质要求由战争特殊性决定，军队人才培养必须依靠战场斗争锻炼等军队人才培养的特殊规律等。二是从军队人才建设子系统中展开研究。军队人才建设是一个多维构成的综合系统。从军队人才建设的对象类型看，军队人才建设包括军队干部队伍建设、军队人才队伍建设等。从军队人才建设的主要内容看，应包括军队人才思想建设、军队人才能力素质建设、军队人才管理体制建设、军队人才队伍建设、军队法规制度建设、军队人才环境建设。多年的革命建设实践充分证明，党在领导军队人才建设的各个时期对各个子系统建设均有抓住重点、全面推进地深入探索研究。三是从军队人才建设历史中总结发掘。马克思主义认为历史是群众的事业，然而卓越的历史人物对于历史进程有着明显的推动作用。从党领导武装斗争到现在和平时期军队建，军队人才始终是军队实践的主要领导者和参与者，引领中国革命和军队建设的潮流。党领导军队人才建设的历史是党的建设历史和军队建设历史的重要组成部分，战争和军事斗争准备的发展使党领导下的军事实践无限丰富，也催生了具有中国特色的军事人才建设理论，不同历史时期的时代特点赋予了党的军事人才建设理论与时俱进的理论品格。认真总结党的军事人才建设理论的历史经验，有助于我们准确把握军事人才建设的世界观和方法论，探索新形势下军事人才建设的特点和规律，有助于我们正确认识军事人才建设的重要地位和作用，研究符合军事职业特点的工作方法，有助于我们吸收宝贵经验、指导现实实践、明确前进方向、预测未来发展趋势，进一步提高新时期军队人才建设的质量，有助于推进军队建设又好又快地发展，也有助于更好地实现强军目标。

必须将人才理论的一般规律和军队人才建设的特殊规律相结合。人才规律是个复杂的体系，是一个多序列的人才规律系统。按研究对象分为社会人才总体运动规律、人才群体的成长规律、人才个体的成长规律。这三类规律或称为人才辈出规律、人尽其才规律、人成其才规律。按规律的性质分为必然性规律和概率性规律。党在人才本质的问题上“有效的创造实践成才规律”，即认为人才必须具有创造性、实践性的规律认识是必然性规律；而成才的最佳年龄规律就是统计规律。按人才规律的内容和次序分为人才结构性规律、人才功能发挥规律、人才发展规律等。作为军队人才建设主体，如何认识并运用党的人才理论的一般规律？首先，应在人才建设实践中深入学习、体会感悟。要达到正确理解，领会精髓，理性运用。其次，也是更重要的一个方面，要与军队人才的特殊规律有效结合。比如，党的有效的创造实践成才规律认为，一定条件下，成才主体在创造实践中，其有效的劳动量达到必要的水平，获得新的劳动成果，则个体成长为人才。同理，军队人才一般性的劳动成果不足标志其成才，而必须在军队实践中积累一定量的有效的创造性实践成果。军队人才建设主体应遵循这一规律，在人才培养、人才评价中探求如何引导人才提升对有效性创新成果认识，为其搭建创新平台；如何区分军队创新实践有效成分，加强科学评价等特殊规律。

三、牢固确立战斗力为根本目标和唯一标准

军队核心职能是打仗，军队建设一切工作指向战斗力。战争年代，军人主业是迎战，是打仗；和平年代军人主业是备战，是做好军事斗争准备。军队须臾不得偏离打仗职能，人才建设不可偏离战斗力标准。军队人才建设必须始终以履行使命为根本目标，以提高战斗力为唯一标准，全部心思向打仗聚焦，各项工作向打仗用劲。

提高军政素质是军队人才建设培养性目标。军政素质是军队人才素质结构的统领，是确定方向的精神动力和能力保证，是军队人才个体战斗素质的核心。这是因为军队本身是执行政治任务的武装集团，是阶级统治的工具。军队听谁指挥，是关系到国家前途命运的大问题。未来信息化条件战争中作战力量构成复杂，部队联合协同作战必须在统一的作战意图下形成合力。军队各级各类人才必须同步作战，协同行动。军队人才必须具备过硬的政治素质，具有与党中央、中央军委保持一致的政治意识和纪律观念，才能时刻服从命令、服从大局，听党指挥，保证正确行动。否则，局部战场失利会导致全盘皆输。历史也无数次证明，缺乏政治素质的军事人才，能力越强，危害越大。

提升整体作战合力是军队人才建设配置性目标。无数军事实践历史地证明，一支军队的规模结构和力量编成必须与时代接轨，因趋势改变。军队进入强军新时代，改革军队规模结构，重塑力量编成，是推进我军组织形态现代化，促进军队人才相互协同，科学合理地配置军队人才资源，提升军队整体作战合力，构建中国特色现代军事力量体系的关键举措。促进军队人才联合与协同。军队是一个由众多人员组成的战斗集团。战斗人员个体单兵作战能力高并不意味着军队整体作战能力一定高。因为一支军队的战斗力不仅仅取决于某一个或几个英雄个体，而是需要协同作战和战术配合，形成军队整体作战合力。作战部队应根据干部数质量报告、干部伤亡报告、干部调配报告等各项干部工作报告，使上级机关及时了解部队干部工作情况，方便科学调配，保证军队整体作战合力。例如，解放战争后期，根据由战略防御转入战略进攻的战略需要，我军迅速扩军整编，集中抽调战斗人才资源、大量补充干部到主力作战部队，以保证军队总体决战决胜的战斗力。合理配置军队人才资源。人才配置实质上是将人才作为资源，针对人才结构进行配置。优化军队人才建设资源配置，其目的在于形成军队人才的最佳配置和分布。把人才配置安排到合适的岗位，最大限度地发挥个体才能，提高军队整体作战合力。

激发人才活力是军队人才建设效率性目标。军队人才建设的对象是军队各类人才资源，根本目标是为军队整体战斗力的提升提供人才服务和智力支持。人才资源的科学发展，很重要的一个方面是通过优化结构激发人才活力。让人才活力迸发的关键是“要着力破除体制机制障碍”以“为人才松绑”，使人才各得其所、尽展其长。优化军队人才资源流通。军队人才资源流通是军队人才资源宏观管理中改善结构、激发活力的一个中间环节。军队人才流通畅通程度与配置效率决定了军队人才资源能否快速有效地转化为战斗力。军队作为一个开放的系统，应当实现军队内部和军地之间的良好性互动，优化军队人才资源流通。给予人才充分有效激励。人才活力来自充分、有效地激发。仅仅运用物质手段难以充分有效激励军队人才，应全方位进行科学激励，给予与军队人才奉献价值相称的福利待遇激励。军队人才劳动的特殊性决定了其价值与贡献的特殊性，必须健全与分配机制相对接、体现军事职业特点的、具有比较优势的工资福利制度：优化基本工资结构，合理确定基本工资收入比重；健全津贴补贴制度体系，提高工作性津贴和生活性补贴水平，适时调整军人职业津贴标准，建立非战争军事行动任务津贴、科技和特殊贡献津贴；提高子女教育优待保障水平，健全完善军人退役保障体系。

四、始终坚持党的领导主体地位

党管人才是党的组织制度的重要内容，是坚持党对军队的绝对领导的根本建军原则的应有之义，是党管干部原则制度精神和继承和党管干部职能的拓展。党管人才是由党的执政规律和人才发展规律共同决定的。纵观我党的建军历程，坚持党领导和管理军队人才建设，有利于巩固和扩大党对军队的绝对领导，有利于实施军队科技强军、人才兴军战略，有利于军队吸引各方面人才，推进军队人才建设。

坚持由党对军队人才建设实施宏观管理。党管军队人才建设，要管宏观，即军队人才建设各领域建设实施宏观管理。党管干部，党领导人才建设实践活动是一个有机组成。坚持由党对军队人才建设实施宏观管理，符合党管干部原则和党管人才原则，是党管干部原则和党管人才原则在军队人才建设中的实践遵循。明晰宏观管理范畴，从宏观管理内涵来看，军队人才宏观管理是根据军队建设发展的需要，综合运用政策、法律、行政、经济和信息等调控手段，对军队人才管理活动进行引导、调节和控制，推动军队人才优先发展、实现军队人才储备总量和结构均衡、引导军队人才队伍健康发展的管理过程。由党对军队人才建设实施宏观管理，体现了人才管理的战略性、特殊性、复杂性特征。党宏观管理全军人才建设工作，主要包括制定军队人才战略规划，完善人才调配体系，提供人才服务保障政策法规、确保人才总体安全、营造人才环境氛围等内容。党对军队人才建设实施宏观管理，强调的是加强各级党委对军队人才工作的集中统一领导，发挥党委对军队各级人才工作牵头抓总的作用，统揽人才建设全局。

坚持由党组织制定并落实军队人才建设的政策法规。党管军队人才建设，要管政策。这是党管干部、党管人才原则的共同要求。党的各级组织必须“全程”抓好人才建设重大政策、制度的研究、制定、协调、统筹与落实。一是坚持由党组织研究制定人才政策法规。从理论或实践上全面加快推动军队人才建设法制化建设进程，必须加强党组织研究政策。延安时期，中共中央军委原总政治部发出关于大量吸收知识分子政策指示后，毛泽东亲自起草《中共中央关于吸收知识分子的决定》，引导各级党组织落实知识分子新政策，破除了军队对知识分子的歧视和偏见。当前，从党从严治党、依法治军的决心更加看出，党的人才法制建设一直在加强。全面制定并实施人才政策是加快形成一套具有中国特色、符合军队人才成长规律及特点的军队人才建设法制化的根本路径。二是由党组织严格落实军队人才政策制度。任何一项人才政策制度出台，都必须由党组织明晰政策范围，明确各级职责。党组织必须进行及时的信息搜集军队人才政策涉及的人才对象情况，按权限、按要求落实人才政策。同时，在落实人才政策制度的过程中，加强反馈追踪，对人才政策实施过程、执行进展情况做科学评估和跟踪问效，及时发现人才政策执行过程中的思想偏差和实践差距，修正各项不足。

坚持由党组织统筹协调军队人才建设要素。党管军队人才建设，要管协调。从系统论的角度看，是党统筹、协调、管理军队人才建设系统各个要素的任务要求。党管人才就是要从宏观上协调军队人才建设各要素关系，统筹建设与管理军队各类人才资源，提高军队整体战斗力。2015 年 11 月军委改革工作会议后，党中央和中央军委决定首先破除军队体制性障碍，展开领导指挥体制改革，实行军委机关多部门制，健全军兵种领导管理体制，划设五大战区，组建军委、战区两级联合作战指挥机构，实施联勤保障体制改革，形成了军委管总、战区主战、军种主建的新格局，实现了对军队组织编成总架构的历史性变革。这次领导指挥体制改革的成功实践，正是建立在军委管总，负责总体协调各部队、各单位的结果上。在一定程度上可以说，党管协调为军队规模结构和力量编成改革创造了有利条件。党组织应协调人才管理体系内外关系，党组织负有协调内部、外部关系，创造和发展内部条件、外部环境以促进人才建设目标实现的基本职能。协调人才工作的目的，是运用各种方法和手段，人才建设的局部服从全局，增强军队组织凝聚力，顺利完成军队建设各项任务，促进军队人才成长，保障军队建设系统获得良好发展。

坚持由党组织服务保障军队人才建设需要。党管军队人才建设，要管服务，是党依据以人才为本的原则为人才提供其优先发展的服务保障。当前军队人才建设中的服务保障的内涵较革命战争年代丰富很多。从军队优待与抚恤制度、退役安置等基础保障，已延伸至体制保障，社会服务、市场服务等涉及军队人才个体或群体，覆盖军队内外的全面保障。一是党组织要作为服务广大干部人才的桥梁和纽带。坚持由党组织服务保障军队人才建设需要，能够有效优化党的各级组织对军队人才的政策服务、培训服务、交流服务等，增强军队对人才的吸引力，提升军队内部人才的归属感、安全感。干部工作、人才工作的具体问题通常最先反映到军队各级党委下设的人才管理职能部门——干部部门、文职和兵员部门。这就要求军队各级党委和政治机关必须从党对干部、人才的关心爱护的角度去处理和解决问题，积极有效地回应干部、人才的诉求。二是人才管理职能部门必须端正服务人才的思想和工作方向。人才管理职能部门是党的人事工作、人才工作的职能机构，必须对党负责，对广大官兵负责。只有把对上和对下统一起来，才能把党的干部制度和人才政策落实到位，才能保证对广大干部人才的服务质量。要克服主观主义、官僚主义、形式主义等不良习气。三是人才管理职能部门必须提高服务保障标准。人才服务与保障的最高标准就是依法服务，依法保障。人才管理职能部门要以人才法规制度及人才政策为根本依据，认真贯彻落实党的干部路线、人才方针。必须坚持原则、真抓落实。必须严格管理，加强调查研究，实事求是地认定、处理、解决人才工作矛盾问题和人才诉求。

五、始终以军队干部队伍建设为重点

无论党的建设如何发展，军队建设如何推进，以军官为主体的军队干部队伍始终是党和军队的骨干和脊梁。因为无论是从岗位作用需要、军事职能任务看，还是从素质标准看，军队干部队伍都是军队人才中当之无愧的核心群体。其地位作用的重要性决定了军队人才建设必须始终建设好一支坚强有力的、能够发挥骨干作用的军队干部队伍，带动军队人才的全面建设。

丰富干部来源结构以拓宽军队人才来源渠道。干部来源是干部生长和补充的渠道，革命战争年代，我军干部主要从战斗积极分子中直接选拔，或从培训过的工农出身的优秀战士中挑选提拔。如土地革命时期动员地方干部、工农运动骨干分子参军，留用起义、投诚、被俘人员。又如抗日战争时期，干部选拔从政治条件和工作能力两个方面出发，注重政治条件，保持工农成分占优势。同时，吸收产业工人、爱国知识分子和知识青年参军等。再如解放战争时期从各解放区动员优秀共产党员参军，从解放军中学、大学中动员和抽调知识青年分配到战斗部队担任文化教员等。新中国成立后，军队干部选拔环境和条件发生根本变化。军队基本确立了以提干为主，院校培养选拔为辅的干部来源和招生制度。大量招收地方知识青年，大力提拔优秀战士担任军官。后颁布《中国人民解放军文职干部条例》，并通过《中华人民共和国现役军官法》明确军官四个主要来源。这两部法规奠定了军队由军官和文职干部两个部分组成的人才结构基础。干部来源结构决定了军队人才结构基础，干部来源渠道和干部本身的素质结构共同构成了人才组合方式和分布格局，即人才结构的基础。军队人才结构是构成军队人才系统的诸要素以及各要素之间的排列组合方式。军队人才结构的优劣对于军队人才个体和军队人才队伍整体都具有重要影响。合理的人才结构，能够长效激发军队人才方阵中的人才个体优势，增强军队人才群体合力。从军队人才的质量来分析。质决定军队人才结构质的规定性，使之能够与其他结构相区别。如人的德、识、才、学、体，是军队人才个体构成的基本要素，构成不同的人才类型。量则反映在基本要素在数量上的分配和不同层次军队人才在量上的比例。由质与量相互任用而形成的军队人才系统的动态发展。从这个组成关系和机理看，干部来源既包含质的要素，也包括决定量的要素。因此，干部来源越丰富则越有利于人才建设主体对质、量的选择与配置，从而越有利于干部结构优化。建设一支现代化军队，需要各个方面、各个专业、各个层次、各种经历的人才。如果军队干部队伍来源单一，军队领导者和军队人才建设者只能陷入巧妇难为无米之炊的困局。这也是我军既强调“‘四化’干部标准”“复合型素质标准”“优化规模结构的精兵制胜”，也强调“开辟依托国民教育培养干部”和“调整院校体制编制”的原因。从军队人才建设的全局看，除个体培养优化后必然达到的整体结构优化外，丰富的干部来源是优化干部结构更为重要的必要前提。

重视干部培训以保留军队人才骨干。重视干部培训是军队人才建设必须遵循的客观规律，“治军必先治校”，重视干部培训是军队人才建设必须遵循的客观规律。一支不重视教育的军队，是没有战斗力的军队。军队干部培训是军队各级党组织和教育训练机构根据国家、军队建设及战争的需要，遵循干部成长和教育训练的客观规律，采取科学的方式、方法，对干部进行的有目的、有计划、有组织的德、智、军、体等方面培养训练的实践活动。干部队伍建设的发展是一个渐进的过程。与军事技术、军事装备不同，优秀的军队干部不能通过引进、买入而获得。经过组织选拔，确认有发展潜力的人才方能成为干部培训对象。经过院校长期、正规、系统的教育培训，他们逐渐成长为军队建设的骨干和军事斗争准备的骨干力量。大量军队人才建设实践证明，培训是加强军队干部队伍建设、提高干部素质的基本手段，是我军建设长期和经常的中心任务。无论是战争时期的教导队、干部团还是正规军事院校，都为军队建设中培养了大量骨干人才。因此，必须坚持以军队干部培训为培养军队人才、提高干部素质的主渠道，持续筑牢干部培训这一军队人才建设基石，充分发挥军队现代化建设和军事斗争准备中具有基础性、全局性、先导性作用。

科学评价干部以树立正确用人导向。坚持党管干部、选拔人才，必须坚持五湖四海，严格整治用人风气。要纯洁干部队伍，真正把好干部选任好。用人导向，关乎党风民意，关系事业发展。军队好干部标准，要求军队干部做到“对党忠诚、善谋打仗、敢于担当、实绩突出、清正廉洁”。在如何正确评价干部，如何掌握人才评价标准上，从新的“德”“才”角度明确了军队人才的重要标准，为军队选人用人工作树立了正确导向。注重品行，“忠诚于党、热爱人民、报效国家、献身使命、崇尚荣誉”的当代革命军人核心价值观是军人的基本标准。“四有”新一代革命军人和新时期好干部标准是新形势下对军队干部的时代要求。军队各级党组织在选人用人时，要树立注重品行的用人导向。新形势下，要注重选拔政治坚定、原则性强、清正廉洁、道德高尚、情趣健康的领导人才；要树立崇尚实干的用人导向，注重选拔求真务实、埋头实干的实干型人才；要树立重视基层的用人导向，注重选拔基层部队和军事斗争准备一线的优秀人才；要注重群众公认的导向，注重选拔在军事斗争准备中想干事、能干事、干成事的群众满意的人才；要树立鼓励创新的导向，注重选拔在军事教育和军事训练中敢于创新、锐意进取、越挫越勇的创新人才。善谋打仗，无论什么年代，无论战争形势与要求如何变化，军队的核心职能和军队人才的核心作用不变，评价军队人才的核心标准不变。军队人才以能为本、以用为本，都集中在战斗力的标准上。谁具有能打仗，打胜仗的本领，谁就是军队需要重点使用的人才。艰苦卓绝的革命年代，杨靖宇、叶挺、王若飞等军队干部是“特殊材料”铸就的“钢铁军人”。新时期，马伟明、李中华等杰出军队干部代表成为新时期军队的时代英雄。虽然他们的能力素质和专业类型不同，但本质上都具有干革命，打胜仗的核心特质和核心战斗力。

六、始终重视军队人才建设的体制机制保障

军事实践证明，科学的制度和科学的管理出战斗力。军队落实党管人才工作原则，要求军队各级党组织对本级人才工作科学地进行决策部署、分工协作、沟通协调和考评督促。

①如何决策部署：对军队人才工作的重大事项的目标决策和任务部署。

②如何分工协作：对军队人才工作目标任务进行分解细化、划分职责、合作完成。

③如何沟通协调：在需要多方职能协调的任务中沟通顺畅。这些问题都必须依赖健全的体制和科学的机制做保障。

构建科学高效的领导体制，确保军队人才建设指挥基础。加强组织领导，是军队人才建设的根本保证。构建科学高效的领导体制是决定军队人才建设质量的关键。必须加强军队人才建设主体的自身建设，这是军队人才建设蓬勃发展的组织条件。健全组织领导体制，组织领导体制是一个独立的组织体系及其决策、指挥、监督权责等具体制度。其基本功能是用规定、规则或组织章程为明确组织体系内的领导权限、职责关系、机构运行等，用制度保证体系内的领导活动遵循确定的管理层次、等级序列、指挥链条、沟通渠道，消除领导活动随意性。必须健全完善组织领导体制，为领导者与军队人才建设各要素间搭好桥梁。2015 年以来，军队组织架构发生显著的新变化。党围绕作战需要的科学决策，改革我军领导管理、作战指挥体制，成效日益彰显。军队组织架构已在军委、军种、战区、作战单元等多个层面实现历史性变革。军委、战区、军种、集团军、院校改革均已到位。军队人才建设组织领导体系必须适应新的军队组织架构。保证组织间纵横接续互通，军队人才建设各种资源、各个要素、各项工作的组织协调需要各级组织尤其是各级领导之间纵向横向关系接续顺畅，能够达到互联互通。

完善科学决策机制，保证军队人才建设实效。领导军队人才建设的党委与各级政治机关能否实施科学有效的决策，事关军队人才建设工作大局。完善科学决策机制，应着力从民主决策、决策监督、决策问责三个方面健全完善。健全民主决策制度，马克思主义的建党理论指明，党内民主决策的正确方向是提高党内民主决策科学化水平的根本遵循。采取民主集中制原则，按少数服从多数原则决策；实行集体领导和个人分工负责相结合的原则；强调党员参与决策的重要性；特别强调党的代表大会的重要作用等。提高决策科学化水平，应当充分发挥各级党组织和广大党员的决策潜力，必须把民主决策制度建设作为关键。健全完善领导决策监督制度，规范领导决策程序。从程序上杜绝领导个人对军队人才建设事项特别是人事工作的主观臆断、擅自决策。杜绝没有充分调查研究，全面分析论证的“现场决策”，有意无意缺省法律程序的重复决策、草率决策。杜绝不透明、不公开、不公正，脱离民情民意，侵害群众“四权”的独自决策。规范领导决策问责制度，建立和完善军队人事工作决策问责的制度规范。

七、建构良好的政治生态与创新氛围是军队人才成长的外部条件

政治生态是政治主体在一定的政治环境下的生存方式。党的建设离不开健康良好的政治生态。健康良好的政治生态是“提高党的创造力凝聚战斗力的重要条件”。建设良好政治生态关乎党和军队形象，影响用人风气，创新氛围为人才主动创造、积极创新提供重要条件，对人才成长发展具有重要意义。

不良政治生态和平庸守旧氛围影响人才成长。不良政治生态下的选人用人腐败遗患无穷。政治生态是各类政治主体生存发展的环境和状态，是政治制度、政治文化、政治生活等要素相互作用的结果，是党风、政风、社会风气的综合反映。落后的政治环境形成不良政治生态，滋生不良管理行为，阻碍人才总体发展：一是落后的政治制度摧残和压抑人才的创造才能和创新潜质，从而埋没优秀人才；二是落后的政治环境阻碍战斗力提升，从而制约军队人才总体发展。

教育引导党员领导干部自觉纯净政治生态。加强党员领导干部的教育引导，党员领导干部是党和军队形象的标杆。纯净军队内部党员队伍，特别是领导干部队伍，是加强军队人才建设的关键。无论在革命战争时期还是和平年代，军队党员领导干部一直是党的建设和军队建设的中坚力量。加强党员领导干部的教育引导，是保持党的先进性的根本性要求，是确保党对军队绝对领导的客观

需要。新时代国防和军队面临的各种挑战要求军队党组织必须对党员领导干部加强教育引导，自觉营造纯净的、风清气正的政治生态。要把思想政治教育作为首要任务，通过开展“两学一做”、理想信念教育、革命军人核心价值观教育等活动，把强化军魂、绝对忠诚的政治品格作为根本要求，教育军队党员领导干部高度自觉地保持坚定正确政治方向，坚守政治信仰。教育军队党员领导干部牢树政治意识、大局意识、核心意识、看齐意识，把贯彻和维护党中央和中央军委的核心领导作为最基本和最重要的政治规矩。要引导军队各级党委领导和政治机关干部回归本真，清正用人风气，纯净政治生态。强化党员领导干部的党性，强化军队党员领导干部的党性观念，必须从思想、道德、文化建设的角度，加强意识形态领域工作，通过马克思主义理论和党的路线、方针、政策教育，通过军队性质、宗旨和职能任务教育，通过遵纪守法、革命英雄主义教育，提高党员干部的思想认识，启发党员干部在各种考验之中，自觉抵制歪风邪气，自觉加强意识形态的纯洁性，坚持信念和信仰。教育党员领导干部严以修身，清正廉洁，在与不正之风斗争中做到自重、自省、自警、自励，在处理解决各种复杂矛盾和棘手问题中锤炼党性。

严守人事纪律，维护良好政治生态。营造良好的政治生态必须严肃党内政治生活，严明政治纪律和政治规矩。严守人事纪律和规矩是维护良好政治生态，支持人才创新的重要保证。严守人事纪律就是必须依法管干部。从本质上看，党依法管理干部与党管干部其本质具有一致性。党管干部的方式途径原本包括依据政策法规制度管理干部、规范人事管理工作这一应有内容。党依法管干部、依法治人事，在要求党制定人事管理政策法规的同时，还要求党必须带头贯彻执行人事管理政策法规。党管干部必须严守人事规矩，党组织管班子、管干部的功能，强化党组织管班子、管干部的功能，以严的要求、严的措施、严的纪律管理约束干部。政治纪律和政治规矩对于党员来说就是生命线。严明政治纪律和政治规矩是党中央在全面从严治党的关键时刻对全国党员干部提出的明确要求。从人才思想形成根源上看，思想文化影响人才制度机制的必然性不言而喻。军队全体党员干部要迅速将思想统一到党中央和中央军委精神上来，掌握党的政治纪律、政治规矩的基本内涵、主要内容和基本要求，深刻领会精神实质，自觉做到严守政治纪律、政治规矩，无条件地坚守底线、不越红线、不碰高压线，争做严守政治纪律和政治规矩的清醒人、明白人、局中人，做守纪律讲规矩的带头人。坚持推进人事管理监督法制化，严惩用人腐败，军队人才的选拔任用工作事关军队建设全局，是军队人才建设的核心工作，也是官兵普遍关注的热点问题和敏感问题。这就要求我党我军人才建设的领导者必须增强自我净化、自我完善、自我革新、自我提高的能力。一方面严格高中级领导干部教育和管理，另一方面严惩用人腐败行为，加大对军队用人违法违纪行为的惩治力度。军队高中级领导干部是军队建设的脊梁，是部队各级组织的主心骨，是军队各级选人用人的主要领导。既不能放松高中级领导干部教育和管理，更不能放松对用人腐败的惩戒。加强从严治军，核心在于从严管理高中级领导干部。严肃惩治用人腐败，关键在于严格监督其用人行为。军队各级党组织要加强军队人才任用监督，特别需要加强对有干部职务任免权的军队党委及其相关职能部门任用权限和权力运用的监督管控。尤其是围绕选人用人的关键环节和核心程序，如对后备干部选拔、干部实绩评价、确定干部任用方案等过程中的腐败行为，必须严防严控严惩，以此净化军队人才建设的用人环境。

参考文献

[1] 本书编写组．党的十八届六中全会文件学习辅导百问 [M]．北京：党建读物出版社，2016 .

[2] 钟祖荣．走向人才社会 [M]．北京：党建读物出版社，2014.

[3] 何晓明．知识分子与中国现代化 [M]．上海：东方出版中心，2007.